U0594494

九色鹿童书
JIU SE LU TONG SHU

学会学习

——小学生30个高效学习法

饶雪莉 著

古吴轩出版社

图书在版编目（CIP）数据

学会学习：小学生30个高效学习法 / 饶雪莉著. --
苏州：古吴轩出版社，2022.7
ISBN 978-7-5546-1950-6

Ⅰ.①学… Ⅱ.①饶… Ⅲ.①小学生—学习方法
Ⅳ.①G622.46

中国版本图书馆CIP数据核字(2022)第081531号

责任编辑：顾　熙
见习编辑：羊丹萍
装帧设计：高玲玲

书　　名：学会学习——小学生30个高效学习法
著　　者：饶雪莉
出版发行：古吴轩出版社
　　　　　地址：苏州市八达街118号苏州新闻大厦30F
　　　　　电话：0512-65233679　邮编：215123
印　　刷：河北朗祥印刷有限公司
开　　本：880×1230　1/24
印　　张：8
字　　数：137千字
版　　次：2022年7月第1版　第1次印刷
书　　号：ISBN 978-7-5546-1950-6
定　　价：42.80元

如有印装质量问题，请与印刷厂联系。022-22520876

饶老师带你一路向前，打造学霸体质

学会学习，你一定行！

嗨，同学，很高兴认识你。

我是饶雪莉，你们可以叫我雪莉老师。我曾经是一名小学语文老师，也是一名班主任，同时，为孩子们写过四十几本童书。长期的小学教育工作，让我可以自信地说：我是一个非常了解小学生的老师和作者。

我的读者多数是小学生，他们经常跟我沟通，倾诉学习生活中的各种烦恼。我发现啊，其实每一个孩子在最初都是热爱学习、热爱探索新鲜事物的，可为什么随着时间的流逝，有的孩子学习越来越好，有的孩子却逐渐失去了对学习的兴趣，甚至变得厌恶学习了呢？那是因为学习是一个长期的过程，在这个过程里，学习好的孩子找到了学习的乐趣和成就感，觉得学习是一件快乐的事，越学越有劲；而学习不好的孩子，总觉得学习是困难和痛苦的，没有人喜欢困难和痛苦的事情，所以得出这样结论的孩子越学越没劲。

亲爱的同学，你属于哪一类孩子呢？不管你是哪一类，相信在看完这本书以后，你都会发现，哦，原来学习一点儿也不难，只有找对了适合自己的学习方法，在快乐和探索中学习，我们才能学得更轻松、更有效！

小学阶段的学习，最重要的是树立积极的学习心态，养成良好的学习习惯，学会有效的自我管理，掌握高效的学习方法，学习成绩自然而然就提高了。在这本书中，我将围绕这几个方面，将我这些年的教学实战经验全部和你们分享，因为我想告诉你们：只有不会学的孩子，没有学不会的孩子。只有学会学习的人，才能感受到学习的乐趣和动力。相信自己，你可以，你一定行！

这本书里的主人公都来自一所美丽的学校——甜蜜园小学，学校一年四季充满花香，它甜蜜、快乐，充满活力的氛围，让孩子们倍感亲切。在甜蜜园小学里，所有的班级都是以水果命名的，有柠檬班、西瓜班、葡萄班、草莓班……这些班级里的小学生，和你们一样，性格各异，每天都在上演各种欢乐有趣、酸酸甜甜的故事。

这一次，我们要讲的是苹果班的孩子的故事。

苹果班有两名学霸——女生唐卷卷和男生王一满，他们俩一个友善聪明，一个高傲机智，他们都有行之有效的学习方法，总是能找到学习的乐趣和动力。两个学霸之间也经常进行较量，在竞争中共同进步。

除了两名学霸，苹果班还有调皮贪玩的乐小果、平凡善良的江橙子、伶牙俐齿的米格、胆小内向的齐乐然……他们又是如何正确认识自己，找到适合自己的学习方法，在一次次的失败中重新出发，实现自我蜕变的呢？

我想通过这些有趣的故事告诉你们：学习有法，但无定法。"条条大道通罗马"，不是只有通过一种学习方法才能够取得好的成绩，不同的人适合不同的学习方法。除了我总结的这 30 种学习方法，相信你还能结合自己的性格特点，找到更多适合自己的学习方法，它将是你一生最珍贵的财富。所谓"活到老，学到老"，就像我现在，依然在不断地学习中。因为，学习，求知，探索，本身就是快乐的事情啊！

好了，你是不是已经对本书很好奇了？那快快开始读书吧！读故事，学方法，别忘了，读完这本书后，和我分享你的感受哦！

饶雪莉

2022 年春

邮箱：raolaoshi7@sina.com

目录

课前、课中、课后

各学科向前冲

高效学习法

课前、课中、课后

1 增强自信法

"谢谢你选择了我"

"丁零零……"

新学期开始啦!

金色的阳光洒向美丽的甜蜜园小学,温柔的风把校园唤醒。沉睡了一个假期的校园,又恢复了往日的欢声笑语。苹果班的同学们兴高采烈地迈进教室,大家叽叽喳喳地相互问好,欢声笑语的热浪几乎要掀翻班级的房顶。

忽然,热闹的班级一下子就安静下来,大家飞快回到自己的座位上坐好。苹果班的班主任小林老师来了。

只见小林老师站在讲台前,露出一个蒙娜丽莎般神秘的微笑:"同学们,愉快的假期结束了,我们进入新学期,各位要更加努力喽。"接着,直接宣布了一个重磅消息:"为了让同学们互帮互助,共同提高成绩,这学期开始,我们班将开展'红蓝一加一'主题互助活动。"

"红蓝一加一? 这是什么活动呀?"

"谁是红色,谁是蓝色呀?"

……

"红蓝一加一"
互助小组

同学们都很好奇，你一言我一语地小声议论着。

小林老师说，会把班里的同学分成红队和蓝队，平时学习优秀的同学组成红队，学习还需努力的同学组成蓝队。蓝队成员可以优先选择红队里的同学作为小老师，被挑选的红队小老师再进行反选，最后组成"红蓝一加一"互助小组。

期末考试后，蓝队里谁的成绩进步最大，那他所在的互助小组就是冠军，两个同学都会得到奖励哦！

"卷卷糖，我敢肯定你是红队成员，我嘛，只能是蓝队成员咯！"乐小果对同桌唐卷卷说。唐卷卷笑笑，不回答。唐卷卷皮肤很白，眼睛很大，头发天生的自然卷，扎起马尾时像波浪一样，非常可爱，她还有个更可爱的绰号，叫"卷卷糖"。每次乐小果叫她的绰号，都觉得心里甜甜的。

"下面我宣布，红队成员：唐卷卷、王一满、吴灵聪……。蓝队成员：乐小果、米格、江橙子、齐乐然……"小林老师说，"今天之内，大家把自己的小老师选好，组成'红蓝一加一'互助小组，我们的'红蓝一加一'主题互助活动就正式启动了。同学们，加油吧！"

"卷卷糖，我们是同桌，你肯定得当我的小老师！"乐小果第一个选了唐卷卷。

"卷卷糖，我们是最好的好朋友，你不选我我会伤心的！"米格也选了唐卷卷。

"唐卷卷，你选我吧，我肯定会加油的！"

"王一满，你不要让我失望！"

"王一满，你选我吧，你是我们男生之光！"

"王一满，我保证会好好学习，和你一起拿冠军！"

……

唐卷卷和王一满都是班里的学霸，所以自然成了红队里最抢手的小老师。不过，王一满和唐卷卷不同的地方是，王一满比较骄傲，不像唐卷卷对谁都很友善。

面对蓝队成员的"围攻"，唐卷卷既高兴又难过：高兴的是，那么多同学都信任她，选择她当小老师；难过的是，无论她最后选择帮助谁，都会让其他同学不开心。

唐卷卷认真思考着，最后她看到了一旁最安静的齐乐然。齐乐然是一个内向羞涩的男生，在班里不怎么说话，成绩也不太好。他也选了唐卷卷，正在翘首以盼，可是看到那么多同学都在抢唐卷卷，他只能眼巴巴地望着，不知道怎么争取。

"谢谢大家对我的信任！我的选择是齐乐然！"唐卷卷突然大声宣布。

"选我？"角落里的齐乐然惊得下巴都快掉了，脸也涨得通红。他真的没想到唐卷卷会选他！同学们都向他投来羡慕的目光，齐乐然不知道该说什么。

其实唐卷卷之所以选择齐乐然，是因为她觉得齐乐然最需要帮助：不仅是成绩方面的，更重要的是要提高齐乐然的自信心。

选我？

我选齐乐然！

"卷卷糖，为什么选择齐乐然，不选择我啊？"米格靠在唐卷卷的肩膀上，伤心地问道。

"米格宝宝，你是我最好的朋友，只要你需要我，我时时刻刻都能帮助你啊！"

听到唐卷卷这么说，米格没那么伤心了，她赶紧去挑选另一位小老师啦！

大课间的时候，唐卷卷来到齐乐然身边，开启了她帮助齐乐然的第一步。

"谢谢你选择了我！"趁着周围没有其他同学，齐乐然终于鼓起勇气对唐卷卷说出了藏在心里的话。

"因为我看好你，我相信我们一定能成为'红蓝一加一'的冠军队伍！"唐卷卷给齐乐然鼓劲。

齐乐然感受到了唐卷卷的热情，用力地点点头，不过很快，他又不自信地摇摇头说："我的成绩不太好，我不知道自己行不行。"

"你当然行啊！"唐卷卷拍拍齐乐然的肩膀说，"要想提高学习成绩，第一步就得增强自信心。首先，你要随时面带微笑。当你面对学习上的困难时，不要愁眉苦脸，要时刻告诉自己：'我可以学好！''这些困难不能将我打倒！''我是最棒的齐乐然！'"

看到唐卷卷举着拳头，充满自信的样子，齐乐然也仿佛瞬间充满了力量，跟着唐卷卷念道："我可以学好！这些困难不能将我打倒！我是最棒的齐乐然！"

雪莉老师小贴士

　　"天生我材必有用"，这是唐代大诗人李白对自信的最好表达！做任何事情，要想成功，首先一定要有自信。对学习来讲，尤其如此。

　　在学习过程中对自己充满自信，学起来就有兴趣，就能不断享受学习的快乐。如果没有信心，也就失去学习兴趣，觉得学习很苦、很累，学习怎么能好呢？所以要建立起学习的兴趣，可以从增强自信心入手。

　　1. 心理暗示法。你相信自己能成为什么样的人，你就能成为什么样的人。我们要时刻对自己说："我一定行！""我可以做到！""没什么困难能打倒我！"

　　2. 兴趣暗示法。对那些不喜欢的科目，可以采用兴趣暗示法。比如不喜欢数学，可以看着数学，大声说："数学，从今天开始，我要喜欢你啦！""可爱的数学，我要对你产生兴趣了。"这样坚持一段时间，很可能你会真的发现数学的乐趣。

　　3. 设定小目标。给自己设定一些小目标，比如："今天上课争取回答一个问题。""今天记住 5 个单词。"……每实现一个小目标，就给自己一个小奖励，当自己的小目标一个个被实现了，自信心也会随之增强的。

2 三步预习法

“Yes，Madam（遵命，女士）”

晚饭后，乐小果躺在家里的沙发上，捧着 iPad 玩他最喜欢的游戏，嘴里还叽里呱啦地念叨着：“冲冲冲！……”

“小果，怎么又在玩游戏？”乐妈妈洗完碗，擦着手走过来问道。

“妈妈，我早就把作业做完了！”乐小果沉浸在游戏世界里，头也不抬地回答。

“那你预习了吗？”乐妈妈继续问。

“哎呀，预习算什么！我先玩一会儿再说。”

“不可以玩游戏。只有预习好了，第二天才能更好地听课。赶快预习，你听到没有？”

“哎呀——”乐小果噘起嘴，不耐烦地在沙发上扭来扭去，“我知道了，妈妈你真烦！”

在乐妈妈的不停催促下，乐小果不情愿地放下 iPad，来到书桌前。

只见他抓起语文书，用一目十行的速度，把第二天要学的课文迅速过了一遍。合上语文课本，又立刻抓起数学书，

把第二天要学的知识点看了一遍。紧接着又拿出英语书，把第二天要学的单词读了一遍。他觉得自己预习得很好了，便飞快地冲回客厅，再次拿起iPad，躺在沙发上继续玩游戏了。

第二天的第一堂课是大张老师的数学课。大张老师有着一头波浪短发，戴着金边眼镜，表情一贯很严肃，同学们都害怕她。

"我现在来检查一下昨天的预习情况。大家都不要翻书，谁来告诉我今天要学习什么内容？"大张老师环视四周，问道。

同学们纷纷举起了手。乐小果的脑袋里突然一片空白，他明明记得昨天看了数学书，可是现在怎么也想不起看的什么内容，满脑子都是昨天玩的游戏画面，所以只好把头埋得低低的，生怕大张老师注意到他。

可是偏偏怕什么来什么。

"乐小果，你来说说吧！"大张老师直接点名埋着头的乐小果。

乐小果磨磨蹭蹭地站起来，眨着眼睛，使劲抠脑门，一副认真思考的模样，但是好半天什么都说不出来。

"认识毫米和分米……"同桌唐卷卷试图小声提醒乐小果。

"唐卷卷，你来说！"大张老师说。

"我们今天要学习的是毫米和分米。"唐卷卷起身回答道。

大张老师点点头，示意唐卷卷坐下。随后她走到乐小果身边，敲敲乐小果的课桌说："乐小果，你昨天预习了吗？"

乐小果点点头。

"那你怎么不知道我们今天学什么内容？"

"我……我真的预习了，可是又忘了！"乐小果解释。

"那你就是没有好好预习。放学后到我办公室来，我告诉你该怎么预习！"大张老师严厉地说。

放学后，乐妈妈照常在学校门口等着接乐小果，可是班级队伍里没有见到乐小果的身影。

"阿姨，乐小果在大张老师办公室！"

"阿姨，大张老师正在教乐小果怎么预习呢！"

"阿姨，乐小果一会儿就出来哟！"

……

同学们都争先恐后地跑到乐妈妈跟前告诉乐妈妈
有关乐小果的消息。班主任小林老师也对乐妈妈说：
"小果妈妈，小果在数学老师的办公室，一会儿就出来，
您再稍微多等一会儿。"

　　同学们都陆陆续续被家长接走了，学校门口变得安
静下来。不一会儿，乐妈妈看到乐小果和大张老师一同走了
出来。乐小果蹦蹦跳跳地跑到妈妈身边，他开心地对妈妈说："妈妈，妈妈，大张老
师教了我该怎么预习，我才知道我之前的预习方法都是不对的！"

　　"大张老师，谢谢您！"乐妈妈对大张老师表示感谢，"我家小果很调皮，又贪玩，
您多费心了！"

　　大张老师摸摸乐小果的头说："小果虽然调皮，但是很聪明，我很喜欢他呢！我
今天也跟他达成口头协议了，以后一定要完成学习任务后再出门玩耍。"

　　看到一贯严厉的大张老师对他这么温柔，还说喜欢他，乐小果不知道多开心呢！
他立正，敬礼，对大张老师大声说："Yes, Madam!（遵命，女士！）"

雪莉老师小贴士

同学们可不能忽视预习的重要性哦！事实证明，不经过预习，那么只能在课上吸收 50%—60% 的知识，而预习后，则能达到 80%—90%。

预习可不是简简单单地读读课文就可以的，真正完整的预习要做到以下三步：

1.读：每科用 10 分钟左右的时间通读教材，通过阅读，了解明天上课要重点听的内容。

2.写：预习中不理解的内容，一定要勾画或者记录下来。预习的目的是要在脑海中形成问题，带着问题听课。这样在第二天听课时，为了解决问题，就会集中精力听老师讲课。

3.练：预习的最高层次是练习，这一点只针对要求更高的孩子。如果你学习比较好，就可以做做课后的基础练习题，比如语文学科，会写生字生词；数学学科，会做课后的简单练习；英语学科，能记住新的单词；等等。若你在预习后都会做了，说明你的自学能力强；若不会做，没关系，第二天再听老师讲。

3 "五到"听课法

贾豆豆神游课堂

贾豆豆上课很爱做小动作，手上总是要拿点东西玩，要么玩直尺，要么玩橡皮擦，有时候，一张废纸他也能玩上好久。为此，各科老师都经常批评他，还请了不少次家长。

妈妈说："豆豆，你以后上课再做小动作，我就不给你买科幻小说了。"

那怎么行！贾豆豆最喜欢看科幻小说，因为他的理想是要做一个太空卫士！于是贾豆豆向妈妈保证，在课堂上决不再做小动作。

为此，他还写了三份保证书，一份交给小林老师，一份交给妈妈，一份贴在自己的写字台前以示警醒。让我们来看看，贾豆豆的保证书长什么样子：

保证书

我贾豆豆保证：从今以后，上课认真听讲，绝对不再做小动作，否则，天打雷劈！

贾豆豆

可是妈妈说"天打雷劈"这个词太过分了，她可舍不得贾豆

豆被天打雷劈，于是贾豆豆把保证书修改成了这样：

保证书

我贾豆豆保证：从今以后，上课认真听讲，绝对不再做小动作，否则，就三个月不能看科幻小说。

贾豆豆

妈妈很满意这份保证书，并且告诉贾豆豆要严格遵守，否则可就要没收他的科幻小说。

为了遵守保证书上的约定，贾豆豆上课坐得端端正正，努力地管住自己的两只手，看起来确实比以前认真了许多，不过，管住了手，脑子却不听使唤了。

这节语文课，小林老师用清脆的声音朗诵着课文《赵州桥》。

"赵州桥非常雄伟。桥长五十多米，有九米多宽，中间行车马，两旁走人。这么长的桥，全部用石头砌成，下面没有桥墩，只有一个拱形的大桥洞，横跨在三十七米多宽的河面上……"

贾豆豆的眼前似乎出现了一个拱形的大桥洞，随后他走到桥上，看着桥下流动的河水。

"嗨！贾豆豆。"贾豆豆回头一看，原来是一个新型机器人在叫他。

"我是机器人多拉拉，你别听课了，我带你去一个地方。"多拉拉说。

贾豆豆还没来得及张嘴，多拉拉就把他提起来，"飕飕飕"地飞在宽阔的河面上方。

"我们去哪里？"贾豆豆不解地问。

"去大海！"多拉拉大声喊着。

多拉拉飞得太快了，风在贾豆豆耳边呼呼地吹，很快，他眼前出现了一片蔚蓝的海。多拉拉和贾豆豆在海边停了下来，远处开来一艘艇。艇到岸，下来一个大胡子。

"这是发明家迈克尔，你就叫他树懒。"多拉拉介绍道，"这是太空卫士贾豆豆。"

树懒伸出手来和贾豆豆握了握手："欢迎你加入我们的海底探险队。"

"这艘艇真特别！"贾豆豆抚摸着树懒开来的艇说。

"是的。"树懒走过来给贾豆豆做介绍，"这叫'龙形艇'。"

"龙形艇？"贾豆豆好生疑惑。

"对。"树懒一边说一边拿来图纸，"你瞧，这龙船长 88 米、宽 44 米，龙头是驾驶室，鼻孔是两架超微型潜水器，电子激光炮在龙嘴的牙齿里，龙角是两个雷达……"

"好好好！"贾豆豆连声赞叹。

接着，他们三人进入龙形艇，迅速下潜。不过，龙形艇刚下沉到海底，一群奇形怪状的海底人就成帮

结队地围了上来。

"喂，朋友，我们是陆地上来的探险家。"多拉拉探出头说。

海底人叽里呱啦地说了一大堆，贾豆豆一个字也听不懂。多拉拉连忙按下耳朵旁边的语音翻译按钮。原来他们是说，现在海底世界被一个叫阿特兰斯的魔鬼统治了。这个可怕的魔鬼杀害了好多海底人。好心的海底人叫他们赶快走，否则也会有危险。

"不，我们不能见死不救。"树懒说，"让我们去对付阿特兰斯吧！"

多拉拉和贾豆豆都表示赞同。

于是树懒开着龙形艇，在海底人的带领下，直奔阿特兰斯的魔鬼三角区。

"轰！"一声巨响。龙形艇攻破了阿特兰斯的三角墙。阿特兰斯被激怒了，大吼一声，拿出粗粗的超威力电棒槌打向龙形艇。

树懒熟练地避开电棒槌。贾豆豆顺势按开龙嘴，对着阿特兰斯扫射激光炮。阿特兰斯"咻"的一声被击中，只见它表情痛苦，张开巨大的嘴巴，发出了奇怪的声音……

"贾豆豆，贾豆豆。"咦？仔细听，这怎么是小林老师的声音？

贾豆豆一怔，看到小林老师站在了自己面前。

"你起来说说，赵州桥的外形是什么样的？"

"长 88 米、宽 44 米，龙头是驾驶室，龙角是两个雷达，电子激光炮在龙嘴的牙齿里……"

"哈哈哈哈……"全班同学一阵哄笑。

小林老师摸摸贾豆豆的额头，问道："你该不是发烧了吧？"

贾豆豆这才清醒过来："唉，原来是个白日梦！小林老师也真是的，怎么在最关键的时候把我叫醒呢？那个阿特兰斯究竟被消灭没有？"

很快，贾豆豆的妈妈从同学口中知道了贾豆豆上课做白日梦的事儿，一气之下，没收了贾豆豆所有的科幻小说。

"妈妈，我上课只是走神，真的没有做小动作呀！"贾豆豆试图狡辩。

"你这课堂神游比做小动作后果更严重！等你什么时候真的能做到认真听课，我再把小说还给你！"妈妈生气地说。

雪莉老师小贴士

听课对于小学生而言是非常重要的，必须做到：跟老师，抓重点，当堂懂。这样才能真正掌握老师所讲的内容。要想做到认真听讲不走神，可以用"五到"听课法，即眼到、耳到、口到、手到、心到。

1.眼到，眼睛始终跟着老师走。贾豆豆要是认真看课本，看小林老师的表情、手势和板书，就不会在小林老师走到面前时才回过神。

2.耳到，用耳听。仔细听老师讲课的内容，听同学的提问，听大家的讨论，听同学的不同发言，听老师的答疑。

3.口到，用口说。贾豆豆如果在齐读时大声朗诵，在老师的指导下积极和同学讨论，大胆提问，回答老师的问题，就能与老师的思路同步了。

4.手到，用手写。听课时，若能及时勾画或写下老师强调的重难点，如定义、公式、单词、句型等，就不会分心。

雪莉老师小贴士

　　5.心到，用心想。听课时，对学到的知识积极思考，找到知识之间的关联，融会贯通。这样听课效率更高哦！

　　多种感觉器官并用，多种身体部位参与，自然加强了你上课的主动性，你上课就不会走神了，学习成绩一定可以一步步提高。

　　同学们，回忆一下，你上课的时候"五到"听课法用齐全了吗？快快告诉我吧！

4 回答问题反向法

老师为什么不选我?

班里的同学们都特别爱举手发言,只要老师提出问题,同学们都高高举起小手,大声喊道:"我,我,我……"

江橙子的同桌王一满就是其中一个。每次老师一提问,他立刻举手,有时甚至踮起脚,恨不得把手举到老师眼前。每当这时,江橙子就很为他着急,在心里默念着:"拜托拜托,老师老师,选王一满吧!"因为如果王一满没被选到的话,他就会气呼呼的,鼓着腮帮子,没了平时王子般的微笑。江橙子还是比较喜欢微笑的王一满。

这节课,小林老师刚提出一个问题,"我,我,我……"的声音又在班里响起了,同学们都使劲举手。

平时江橙子很少举手,因为她总是害怕自己会说错,怕被同学们笑话。可是,今天小林老师提的这个问题很简单——用"顽皮"这个词语来造句,江橙子很有把握,所以也高高地举起了手,跟着大家说道:"我,我,我……老师选我……"

王一满看到很少举手的江橙子也在高高举手,又多了一个人和他抢答问题,他有些不开心。江橙子看出了王一满的不开心,于是立刻端端正正地坐好,闭着嘴巴,看着老师。但是,她还是很想回答这个问题,所以又把手举了起来,不过举得低低的。

谁知道小林老师没有选人，而是微笑着环视教室。看老师没有反应，同学们叫得更大声了：王一满的脸涨得更红了，拼命踮着脚，将手往前伸；贾豆豆右手举得高高的，左手则握成拳，使劲敲着桌子，想吸引小林老师的注意……

"江橙子，你来回答这个问题吧！"小林老师的目光突然在江橙子身上停住了。

江橙子？

所有同学的目光都转向江橙子。江橙子自己也不敢相信，她想："我手举得这么低，老师为什么要选我呢？"

"江橙子，你是不会回答这道题吗？"小林老师温和地问。

"不，不，我会！"江橙子顾不上想别的了，她站起身，把在心里默念了多次的答案大声说了出来，"顽皮——我的弟弟是一个顽皮的孩子。"

"正确，造句很完整，掌声鼓励江橙子！"小林老师带头鼓掌，教室里响起了有节奏的掌声："啪啪——啪啪啪——"

"你们知道我为什么要选江橙子来回答这个问题吗？"小林老师问同学们。

"因为她刚才没有喊叫！"

"因为她坐得很端正！"

"因为她很遵守纪律！"

……

大家纷纷回答。

"没错，老师知道，你们都想回答问题，这是很积极的表现，但是咱们上课也有上课的纪律，如果大家为了回答问题把课堂弄得一团糟，我们就没办法好好上课了。"小林老师继续说，"希望以后你们都能向江橙子学习，安安静静地举手。"

被老师表扬的江橙子，脸红到了脖子根。她其实很不好意思，要不是担心王一满生气，她也不会想到安安静静地举手，这还要感谢王一满啊！她抬眼看王一满，王一满也嘬着嘴巴看着她，似乎心里很不服。

不过从那以后，王一满上课举手时再也没有大喊大叫了，越来越多的同学也都收住了手、停止了喊叫。每一次王一满举手，江橙子还是在心里默默为他祈祷："拜托拜托，老师老师，选王一满吧！"

雪莉老师小贴士

"老师，我，我，我……"

有时是不是你伸长脖子，手都快要举到老师眼皮下了，老师还是不选你回答问题？那么，上课该如何才能争取到回答问题的机会呢？一定要反向而为，记住以下两个方法吧！

1. 如果很多同学都在高喊着举手，你就端坐在座位，安静地举手，就像江橙子一样反向而为，老师十有八九会选择你。

2. 如果班里没有同学举手，你不妨试一试大胆举手，老师肯定会选你回答，即使你回答错了，老师也会表扬你的勇气。

很多孩子不敢上课发言，建议记住以下三点，拒绝做课堂上的"哑巴"：

1. 在发言时只关注自己，不要关注别人。发言前深呼吸，把心思放在接下来你要说的话上，而不是去关注别人的表情和言语。

2. 忽视大家的嘲笑，把嘲笑变为动力。如果因为被嘲笑而停止发言，只能证明你的

雪莉老师小贴士

懦弱；相反，被嘲笑后，你表现得比之前出色，反而能让大家刮目相看。

3.抓住每次发言的机会锻炼自己。当众发言的次数越多，你会从不敢说、小声说逐渐变成敢说、喜欢说、大声说。

同学们，上课积极发言确实能帮助你们更专心地听课、学知识。你最近上课回答问题了吗？把你回答问题时的心情写下来和我分享吧！

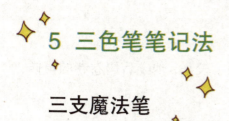

5 三色笔笔记法

三支魔法笔

"卷卷糖，你能给我看看你的五星贴纸吗？"乐小果一下课就跟着唐卷卷，唐卷卷去哪儿，他就跟着去哪儿。

"我不是给你看过好多次了吗？你如果真的很喜欢，就自己努力争取吧！"唐卷卷甩着马尾辫说。

为了让同学们上课更加积极地回答问题，小林老师准备了好多亮闪闪的五星贴纸，专门奖给正确回答问题的同学。

唐卷卷已经得到好多枚了，夹在语文书里，可是乐小果一枚都没有得到！乐小果也想积极回答问题呀，可是每当他还在课本上找答案时，唐卷卷已经高高地举起手了。一连好几天，唐卷卷都是班级里得到五星贴纸最多的，让其他同学十分羡慕。

为了揭开唐卷卷能够快速找到答案的秘密，上课时，乐小果偷偷地观察唐卷卷。他发现唐卷卷有三支不同颜色的笔——红、黑、蓝，每天都整整齐齐地放在课桌上。老师上课时，她用这三支不同颜色的笔在书上又画又写，老师提问时，她就可以快速地找到答案。

"哼，明天我也带三支笔来，这样我也能和唐卷卷一样，得到很多五星贴纸了！"

乐小果心里暗暗想。

第二天，乐小果果真带了红、黑、蓝三种颜色的笔到学校来，他学着唐卷卷的模样，也将这三支笔整整齐齐地放在课桌上。

"卷卷糖，我发现你的秘密武器了，就是这三支魔法笔，你瞧好，今天我一定能得到五星贴纸！"乐小果握着三支笔，得意扬扬地说。

唐卷卷看了乐小果一眼，捂着嘴巴笑了。

今天的语文课，小林老师讲的是古诗《惠崇春江晚景》。乐小果学着唐卷卷的模样，也用三支不同颜色的笔在语文书上勾勾画画：他一会儿用红色的笔勾生字，一会儿用黑色的笔涂抹诗句，一会儿又用蓝色的笔在古诗旁边画了滚滚江涛的画面，把课本涂得像一本漫画书。

"谁来回答《惠崇春江晚景》这首诗中哪几句是描写画中的景物的？"

"我！"乐小果听到了小林老师的提问，他高高地举起了手。

"乐小果，你来回答吧！"小林老师说完，全班同学的眼光都转向了乐小果。乐小果信心满满地站起来，在语文书上找答案，可是三种颜色的笔已经把这一页画得乱七八糟，诗句也被涂得黑乎乎的，什么都看不清了。

"竹外桃花三两枝，春江水暖……暖……"乐小果好半天念不完整，急得直冒汗。

"我！"唐卷卷立刻举起了手。

"乐小果，你坐下再想想。唐卷卷，你来帮助乐小果同学吧！"小林老师温柔地说。

"这首诗描写画中景物的诗句是'竹外桃花三两枝，春江水暖鸭先知。蒌蒿满地芦芽短'。"唐卷卷响亮地回答。

"非常正确！这三句描写画中景物，最后一句'正是河豚欲上时'是诗人的想象。"小林老师又奖给了唐卷卷一枚亮闪闪的五星贴纸，唐卷卷当宝贝一样地夹在了语文书里。

乐小果只能看着那枚五星贴纸，再次露出羡慕的眼神。

"唉，卷卷糖，你有三支魔法笔，我也有三支魔法笔，可我为什么还是得不到五星贴纸呢？"

下课后，乐小果捏着他的三支笔，沮丧地趴在课桌上。看着乐小果难过的样子，唐卷卷不忍心，安慰他："乐小果，你别不开心了。这样吧，我告诉你我是怎么用这三支笔的，你如果用对了，也能得到小林老师的五星贴纸！"

听到唐卷卷这样说，乐小果立刻来了精神，欢呼道："卷卷糖，你真是世界上最好的同桌！"

雪莉老师小贴士

    同学们，你们也想知道唐卷卷是如何利用三支不同颜色的笔记笔记的吗？其实，这种记笔记的方式叫"三色笔笔记法"。只要掌握好了，你就能又快又准地找出知识的重难点！

    1. 准备红、黑、蓝三种颜色的笔，用来勾画或记下不同的知识点。当然，你也可以按照自己的喜好准备其他颜色的笔，如黄、绿、紫、橘……只要是三种能区分的颜色就行。

    2. 以红、黑、蓝三种颜色的笔举例：黑色的笔一般用来标记基础知识，如生字、生词等；红色的笔用来标记老师所讲的重点知识，这样在老师提问的时候，一下子就能找到答案；蓝色的笔用来标记还没有理解的难点，课后一定要去弄懂。

    3. 当然，不仅限于三色笔，你也可以自己创新，根据个人喜好来增加不同颜色的笔。比如当你阅读到有趣的、喜欢的句子时，可以用绿色的笔勾画。

雪莉老师小贴士

　　三色笔笔记法能帮助我们把知识点进行分类，使知识点在课本或笔记中变得醒目，让我们更好地梳理知识，了解每堂课的重点、难点，提醒自己还有哪些不懂的知识点，并且，还能在做作业的时候快速找到答案。

　　这样好玩又实用的三色笔笔记法，你学会了吗？如果你有其他记笔记的方法，欢迎你和我分享！

6 课后趁热打铁法

课间少玩 5 分钟！

"卷卷糖，我们去跳绳吧！"刚一下课，米格就拿着跳绳来找唐卷卷。唐卷卷闻声头也没抬，向米格摆了摆手说道："你等我一下哦！"

米格只好站在唐卷卷的课桌旁等待，只见唐卷卷在聚精会神地看着英语书，嘴里喃喃念着上节课所学的英语单词。

"哎呀，你成绩都这么好了，还这么用功干吗？"米格有些不耐烦了。要知道，课间只有宝贵的 10 分钟可以玩耍，她还想多玩会儿呢！

"好了，好了！"唐卷卷合上英语书，微笑着对米格说，"我的米格宝宝，我们去跳绳吧！"

两个好朋友拉着手走出了教室。

"丁零零……"上课铃响了，短暂的休息时间结束了，同学们都陆续回到了教室。米格还没玩尽兴，特意嘱咐唐卷卷："这节课一下课我们要第一时间冲出教室，抓紧时间玩儿！"

"米格宝宝，这节课是语文课，小林老师要讲新课文，下课后你先去玩吧！我稍微晚一点点。"

“唉！你真扫兴！”米格噘起嘴巴。

这节语文课学习新课文《花钟》，讲的是每一种花都有自己开花的时间，你只要看看什么花刚刚开放，就知道大致是几点钟，非常有趣。

“今天回家同学们背诵第一自然段，我明天上课抽查，看看谁背得最流利！”小林老师说。

“丁零零……”下课啦！

米格看见唐卷卷还坐在座位上，也不想等她了，便和其他几个小伙伴一起冲出教室，享受美好的课间时光了。

第二天的语文课上，小林老师问：“大家还记得我昨天留的背诵作业吗？”

“记得！”同学们异口同声地回答。

“那谁第一个来背诵呢？”

教室里稀稀拉拉举起了几只手。米格埋着头，抠着手指，生怕老师抽查到她，因为她昨天回去着急完成各科作业，没有背下来第一自然段。

“唐卷卷，你来吧！”小林老师说。

唐卷卷起身，自信地背诵道：“鲜花朵朵，争奇斗艳，芬芳迷人。要是我们留心观察，就会发现，一天之内，不同的花开放的时间是不同的。凌晨四点，牵牛花吹起了紫色的小喇叭；……夜来香在晚上八点开花；昙花却在九点左右含笑一现……"

一字不差！

真是一字不差！

同学们不约而同地鼓起了掌！

"唐卷卷，你太厉害了吧！"

"唐卷卷，你每次背课文都全对，我太佩服你了！"

……

在大家的掌声中，小林老师又奖励了唐卷卷一枚亮闪闪的五星贴纸。

"卷卷糖，你为什么每次背课文都这么厉害呢？我背好几天都背不下来。"下课后，米格无心再出去玩了，她求助于唐卷卷，因为小林老师说随时会抽查背诵。

"你知道为什么每次老师讲完新课文以后，我都要复习几分钟才出去玩吗？"

米格摇摇头，表示不知道。

"因为呀，我在一本书上看过，学习刚结束，如果没有及时复习，最容易遗忘。所以，对刚学过的知识，要趁热打铁，比如在老师讲完一堂课后，利用课后5分钟迅速记一下这堂课的知识，比你回家后花几个小时去记效果还好。我自己试了试，确实是这样呢！"唐卷卷说。

"那我以后也要跟你学，下课立刻趁热打铁，复习一下课上学的知识！"

雪莉老师小贴士

同学们，为什么课后复习要及时呢？

著名心理学家艾宾浩斯的研究成果给了我们很好的证明。他说，人们对新知识的记忆，1小时后只能保留44%，2天后只留下28%，6天后只剩下25%。从这些数据也可以看出，遗忘常呈现"先快后慢"的规律。所以，当天知识当天记，千万不要在很多天之后才去从头开始记。这样，之前所学的知识都忘得差不多了，就等于重新学习。

因此，学了新知识后，花上5分钟，趁热打铁记一下，把握黄金时间，不但能加深记忆，以后复习起来也更容易。具体可以这样做：

1. 结合笔记复习。认真看课堂上你所勾画的重点内容或者记下的笔记，如果还有不理解的内容，一定要标注出来，提醒自己及时弄懂。

2. 在心里默想知识点。在心里把重点内容复述一遍，也是一种及时复习。比如新学的生字词语、单词句子，或者要求背诵的段落，像放电影一样在心里过一遍。

雪莉老师小贴士

　　3. 利用当天睡前时间及时记忆。如果课后时间不够，也可以在当天晚上睡前花 10 到 15 分钟，回忆一下今天所学知识的重难点，加深记忆。

　　课间 10 分钟是很宝贵的，同学们要合理利用，如果不是学新知识，课间 10 分钟还是可以尽情玩耍的！如果是学新知识，课间少玩 5 分钟，试一试这个趁热打铁复习法，把你尝试后的效果告诉我哦！

7 写作业计时法

没有看成的电影

"咚咚咚……"星期天的早晨，太阳公公刚上岗，米格妈妈就敲响了米格的房门："小米，快起床啦。"米格迷迷糊糊地睁开眼睛，迎接美好的一天！

"小米，你昨天不是说今天完成作文后，咱们全家就去看电影《比得兔2》吗？要是你再不起床，可就来不及啦。"门外的米格妈妈继续催促着。

"知道啦，妈妈！"

米格懒懒地从床上爬起来，磨磨蹭蹭地去洗漱了。吃完早餐后，米格坐在书桌前，翻开了作文本，刚写上题目，她就被书桌上的一本漫画书吸引了，便立刻放下笔，拿起漫画书读了起来。

时针"嘀嗒嘀嗒"地转动着，米格沉浸在漫画的世界里，转眼间一上午的时间过去了。

"小米，你作文完成了吗？完成了我就定下午场的电影啦。"米格妈妈提醒米格。

"妈妈，不着急，我写作文可快啦！"米格放下漫画书，提起笔赶紧写了几句话。就在这时，她的肚子又传来了"抗议"，于是大喊道："妈妈，我好饿呀，你中午准备什么好吃的了？"

妈妈让小米继续写作文，香喷喷的午餐正在准备中。随后，妈妈又耐心地提醒米格："吃完午饭要抓紧写作文，不能再拖了，现在看样子我们只能定傍晚场的电影了。"

"知道啦！"米格觉得妈妈真是啰唆，有些不耐烦地回答道。作文刚写到一半，客厅传来一阵饭菜的香味，米格一个箭步冲向了客厅，兴奋地大喊道："妈妈，吃饱饭才有力气完成作文！"

吃完了饭，米格趁妈妈不注意，又偷偷把电视打开。

"小米！你的作文完成了吗？"米格妈妈再次问道。

"很快就能写完了！妈妈，你放心吧，我们一定能看傍晚场的电影！"米格抱着妈妈，甜蜜地撒娇。

"好吧，那我去洗碗，你看会儿电视马上去写作文！"妈妈叮嘱米格。

"知道啦，知道啦！"米格爽快地回答道。

"米格，快去写作文啦！"妈妈洗完碗又来催米格，米格只好不情愿地关上电视，走进自己的房间。她写了几行字，觉得口渴，又悄悄溜出房间，从冰箱里拿出牛奶、水果，准备做一杯鲜榨牛奶果汁。

听到榨汁机"呜呜呜"的声音，妈妈从房间出来，问道："米格，你作文写完了吗？"

"快了，妈妈，我喝完果汁就去写！"米格不以为意地说。

　　妈妈摇摇头，对米格说："别磨蹭了，快去写吧，不然傍晚场的电影都来不及了。"

　　时针"嘀嗒嘀嗒"地转动，米格再次坐在书桌前，拿着笔，感觉脑袋昏昏沉沉的，上眼皮和下眼皮仿佛要打架了，作文格也变得模糊不清。

　　"我就闭上眼休息一会儿，就一会儿！"米格在心里暗暗地安慰自己。

　　不一会儿，米格就趴在桌子上睡着了。

　　不知不觉太阳已经下山了，米格妈妈敲了敲房门，却没有回应，打开门发现米格正趴在书桌上呼呼大睡。

　　"唉！这孩子！"米格妈妈无奈地叹口气，轻轻拍拍米格，"米格，你还要不要去看电影了？"

　　米格抬起头来，擦干嘴边的口水，揉揉惺忪的眼睛，望着还没完成的作文，提笔赶了起来。妈妈看到米格的状态，知道今天是看不成电影了，只好取消了看电影的计划。

　　第二天早晨，米格刚刚到学校就看见同学们围在一起，你一言我一语地讨论着电影《比得兔2》。

"比得兔太可爱了，又可爱又厉害！"

"是啊是啊，我也想像比得兔一样去大冒险！"

"看完好想养一只萌萌的小兔子。"

米格听见，默默地从他们身边走过，不敢参与话题，没想到被好朋友唐卷卷叫住了。

"米格宝宝，你不是说周末也要去看《比得兔2》吗？你最喜欢哪一段啊？我最喜欢跳伞那一段，简直太精彩了！"

"我……我……"米格支支吾吾地说不出话来，她可不好意思回答唐卷卷，昨天因为没有按时完成作文，错过了精彩的电影。

雪莉老师小贴士

同学们，有时在写作业时，你是否总是告诉自己"做完这件事，我一定认真完成作业"，却发现不断有新鲜的事物分散你的注意力，以至于作业总是要花很长时间才能完成呢？

我知道你们并不想这样，只是有时候没办法很好地约束自己。曾经有一个机构对考入清华、北大的500名学生做了一个调查，很有意思，这些孩子有各种不同的学习方法，但有一个学习方法是他们都用过的，那就是：做作业计时。

第一步：准备一个小闹钟，连续三天测试自己在家中完成各科作业需要多少时间，并且记录下来，计算出平均值。如语文需要30分钟，数学需要20分钟，英语需要10分钟。

第二步：第四天根据前三天测试的平均值，预设完成各科作业所需的时间，在预设的时间里完成各科作业。

第三步：每天认真记录各科作业的实际用时，累计当天完成作业的总时长。每天

雪莉老师小贴士

和前一天所花的时间进行比对，看看自己有无进步。

第四步：如果每天都按时完成作业，可以给自己一个小奖励；如果没有按时完成，可以给自己一个小惩罚，以此来督促自己。

同学们，学会写作业计时法，可以帮助你更有效率地完成作业。如果你还有其他方法，欢迎和我一起分享！

8 作业四步检查法

窗外的赛跑

"小果，你现在三年级了，为了培养你的自觉性，爸爸妈妈不会再帮你检查作业了，从今天开始，你的作业都自己检查。"这学期开学不久，乐妈妈就对乐小果这样说道。

"自己检查就自己检查，不就是检查作业嘛，我肯定没问题！"乐小果拍着胸脯说。

于是，每天在家完成作业后，乐小果不再给爸爸妈妈检查了，而是自己检查完就把作业本放进书包，然后痛痛快快地去玩了。他觉得自己检查作业真好，玩耍的时间也多了，心里美滋滋的。可是，万万没想到，接下来的几天在学校里，可把乐小果给忙坏了——

"乐小果，最近你的语文作业错误太多，下课来我办公室改错吧！"小林老师说。

"乐小果，你的数学作业完成得很不理想，放学后来我办公室一趟！"大张老师说。

"乐小果，你的英语作业错太多了，单词没几个是对的，改好了重新交给我！"英语老师 Miss 陈说。

乐小果一下课就奔走于不同的办公室，一点儿玩的时间都没有！

今天更让乐小果难受的是，因为他的数学作业错太多，大课间活动之前没改正完，只好留在办公室里继续改正。

要知道，每天的大课间活动可是乐小果的最爱啊！因为教体育的高高老师最喜欢在大课间活动时带着大家做游戏，乐小果喜欢在操场上飞奔，喜欢和同学分组比赛短跑。

乐小果跑步很快，贾豆豆跑步也很快，他们俩刚好在不同的小组，每次两个小组都会争输赢。今天乐小果不在，贾豆豆他们那组肯定赢了。想到这里，乐小果心里就痒痒的，他踮起脚尖，不时地望向窗外的操场，看到同学们正在跟着高高老师做准备活动。

"乐小果，认真点儿！"大张老师转过头，望着乐小果，敲敲乐小果的本子。

乐小果赶紧埋下头，断续改正自己的错题。

"咦，这道题我怎么漏掉了？我明明会做的呀。"

"这道题要求找出错误的答案，我怎么挑选了正确的答案呀？"

"还有这里，明明竖式写的 35，等号后面我却抄成了 53……"

乐小果一边改正，一边喃喃自语。他发现，自己昨天做错了很多不该错的题，早知道再认真检查一下，这样就不会出错了，今天也就能在操场上和同学赛跑啦！

"贾豆豆，加油！加油！"

"王一满，加油，加油！"

……

操场上传来了同学们的呐喊声，乐小果又忍不住探出头去看。小组赛跑开始了，王一满和乐小果是一组的，可是王一满哪里是贾豆豆的对手啊，已经被贾豆豆甩开老远了。乐小果是看在眼里急在心里，心里想着："输了！输了！"

　　"乐小果，认真点儿！"大张老师一眼就看出了乐小果的渴望，她再次敲敲乐小果的作业本，和蔼地说，"快改错吧，改完了就可以去操场上进行大课间活动了。记住，下次做作业可得检查仔细了！"

　　"遵命！"乐小果提起笔"唰唰"地改起错题来，他希望还能赶上小组赛跑的最后一轮，能战胜贾豆豆！

雪莉老师小贴士

同学们，你们是不是经常有这样的烦恼？明明检查了作业，觉得全都做对了，但总是会出一些错误，一经别人提醒立刻就发现了。为什么自己总是检查不出来呢？那是因为啊，你没有掌握正确的作业检查方法。检查作业需要做到以下几步：

1. 第一遍全面浏览作业，首先检查有没有字迹潦草的地方，如果有，建议改正。不要让老师因为看不清楚你的字迹判错。

2. 第二遍检查有没有漏做的题目，特别是做练习册、卷子时，有时会因为粗心而漏题。

3. 第三遍认真读题，细致检查，注意是否按照题目要求或者规范做题，例如：题目要求是选出对的答案，你却选了错的；数学题里的单位是否标注准确；等等。

4. 第四遍重点检查自己经常出错的题。例如你爱写错别字，就重点检查下错别字；口算容易出错，重点检查下口算题；英语填空容易出错，就重点检查这类题型。这样做不仅能查出问题，还能避免再犯相同的错误。

雪莉老师小贴士

　　同学们，一、二年级时有爸爸妈妈帮你检查作业，但是三年级后，你就要慢慢养成自主检查作业的好习惯了。这期间你需要付出相当多的努力和耐心，按照以上步骤和方法，做自己的小老师吧！

9 四字复习法

"江橙子，不准哭！"

"红蓝一加一"主题互助活动中，江橙子选了同桌王一满作为她的小老师。江橙子在班里最崇拜的人就是王一满，而王一满之所以也选择了江橙子，是因为江橙子什么都听他的。

小林老师说了，期末考试后，蓝队里谁的成绩进步最大，那位同学所在的组就是冠军。王一满想让江橙子的成绩飞速提高，这样他们俩就能成为"红蓝一加一"主题互助活动的冠军队伍！

"江橙子，既然我们是一组了，从现在开始，你必须听我的指令，好好学习！"王一满开始对江橙子发号施令。

江橙子抿着嘴唇，点点头说："我会努力的！"

"江橙子，这道题错了，改！"

"江橙子，这篇作文得重写！"

"江橙子，字儿写得不好，再写一遍！"

……

从这以后，王一满对江橙子可真是严格，看不得江橙子有一点儿错误；江橙子倒也不生气，反而还有点儿小开心。她暗暗下决心，要提高自己的学习成绩，不能让王一满失望。可是，这一次的数学单元练习，江橙子却考砸了。

数学试卷发下来，江橙子拿到自己的试卷一看，只得了个"良"，她吓得赶紧把试卷紧紧捂住，不敢让王一满看见。

"江橙子，你得'优'了吗？"

王一满自然是"优"，他凑过头来问江橙子。

"我……我的成绩不是很好！"江橙子小声说。

"哪里不好？给我看看……"王一满一直盯着江橙子，江橙子拗不过，只好松开手。"良！"王一满气得牙打战，说："江橙子，这次单元练习这么简单，你怎么回事啊！你不是答应我每次练习都要拿'优'吗？我们不是要拿冠军的吗？"

王一满这样一说，江橙子就更难过了，只见她眼泪汪汪地看着王一满，一句话也说不出来。

"江橙子，你得'优'了吗？我得了'优'哦！"下课后，米格也跑来问江橙子。一听米格也得了"优"，江橙子实在憋不住了，趴在课桌上"呜呜"地哭了起来。要知道米格也是蓝队成员，平时成绩和她差不多，这是为什么呢？

看到江橙子哭了，米格对王一满吐吐舌头、摆摆手，表示自己并没有做什么，随后悄悄地跑开了。

"江橙子，不准哭！你还想拿冠军吗？"王一满敲敲江橙子的课桌，严肃地说，"还想拿冠军就得好好努力，哭有什么用！"

"我也不知道为什么，这次单元练习前，我明明认真复习到很晚，可是，呜呜呜……我真是太笨了……呜呜呜……"江橙子边哭边说。

"你告诉我，你是怎么复习的？"王一满严肃地问江橙子。

"我……前一晚，我看了数学书，看了数学试卷，还做了好多好多数学题呢！我很晚才睡觉。"江橙子稍微平复了一点儿情绪，抬起头看着王一满。

王一满皱紧眉头问："你不会只有考前才复习吧？"

"那不然呢？"江橙子抹抹眼泪，有点儿蒙。

"才不是呢！平时学习中也要复习，这样吧，从现在开始，你按照我的方法来复习，下次单元练习肯定能取得好成绩！"王一满说。

雪莉老师小贴士

同学们，你们是不是也只在考前才会复习呢？那就错了。复习是贯穿在平时的学习中的，如果平时从来不复习，只是等着考前临时抱佛脚，学到的知识就会很不扎实，遗忘也会很快。

平时的复习管理，要做到以下 4 个字：

想：回想。每晚临睡时花 10 分钟回想当天老师所讲的新知识，把当天学的知识像放电影一样在大脑中过一遍。学生课后最需要做的是回想，这个过程非常重要。

查：回想时，有些知识会非常清楚地浮现出来，有些则很模糊，甚至一点儿也想不起来。能想起来的，说明你已经很好地复习了一遍；而模糊和完全不记得的就是漏缺部分，需要再查课本或者相关的参考书，重新学习巩固。

写：记下重难点、漏缺点。一定要在笔记中把重点、难点做上记号，以便总复习的时候，重点复习这部分内容。做记号时，大家可以用上前面所讲的三色笔笔记法。

说：复述。听明白不是真的明白，说明白才是真明白。能给别人复述一下学过的

雪莉老师小贴士

知识，讲清楚了，别人听懂了，也代表你是真掌握了。复述知识还能提高你的概括能力和表达能力哦！快去试一试吧！

当然，除了平时复习以外，考前也要复习，但这个复习并不是把所有题都再做一遍，而是只重点看难题和平时的错题，这样复习就有重点了，不用复习到深夜，第二天又困又紧张。

至于难题和错题，你知道怎么积累吗？看看下一个故事就知道啦！

10 错题难题双本法

秘籍就是两个本

放学后，唐卷卷背着书包站在大张老师的办公室门口，悄悄把头探进去观察，她正在等待自己的好朋友米格。因为今天米格的数学作业错了很多，直到放学都还没有改完，米格怕回家后自己又想玩，索性主动留在大张老师办公室，决定改完错题再回家。

米格坐在大张老师的旁边，正在埋头苦干。

"唐卷卷，你进来！"大张老师看到了在门口等待的唐卷卷，招招手说。唐卷卷走进办公室，大张老师接着说："我要去校长办公室开教师会，你是米格的好朋友，陪她改错题吧，全部改正确后，放在我桌上，你们就可以离开了。"

唐卷卷点点头，放下书包，欣然地接受了这个任务。

米格一看大张老师走了，立马扮了个鬼脸，对唐卷卷说："卷卷糖，还好你在等我，有你这个大福星在，我一定改得倍儿快！"

"别说了，快改错吧！"唐卷卷认真地帮米格纠正作业中的错误。

"唉！我真笨！这道题我上次错了，这次又错了！"米格一边改着作业本上的错题，一边拍着自己的脑袋。

"米格宝宝，别随便拍脑袋，脑袋越拍越笨哦！"唐卷卷拉下米格的手，笑着说道。

"卷卷糖，为什么你的学习总是这么好呢？你多传授我一些学习秘籍吧，好让我也像你一样成为一个学霸！"米格托着腮无限崇拜地看着唐卷卷。

"你快改错题吧，改完后我再告诉你我的秘籍！"唐卷卷笑着说。

米格在唐卷卷的耐心帮助下，终于改完了错题。唐卷卷检查后，点点头说："不错，这次全部改对了！那你记住了吗？下次还会错吗？"

米格眨眨眼睛，认真地说："这……我可不敢保证哦，我做错的题经常会再错，可能是我记性不好吧！"

"才不是呢！是你没有用心记！"唐卷卷从自己书包里掏出两个本子，推到米格面前说，"你还记得这两个本子吗？"

一个本子的封面是雪地里的小猫咪图案，另一个本子的封面是粉色的樱花图案。

"当然记得，还是开学的时候我陪你买的呢！这个小猫咪我觉得特别可爱，就让你选它了！"米格开心地说。

"我当时也让你买两个本子来着，可是你说你不喜欢用笔记本，就没有买。"

"对呀，我从来不用笔记本，老师让记的东西我都随手写在书上呀！"米格边说边翻开唐卷卷的笔记本：小猫咪笔记本的第一页上写着"错题本"，樱花笔记本的第一页上写着"难题本"。再往后翻，都是用不同颜色的笔记的错题和难题。

"哇，卷卷糖，原来这就是你的秘籍啊！你记了这么多难题和错题呢！"米格惊叹道。

"是呀，我爷爷经常对我说'好记性不如烂笔头'，所以只要有错题和不懂的难题，我都会记在这两个本子上，平时经常翻翻看看，这样就不会犯相同的错误了！"唐卷卷说。

"为什么要用两个本子呢？"米格很好奇，"我可以把错题和难题都记一个本子上吗？"

唐卷卷拿过自己的两个本子，指着上面记的题对米格说："我觉得还是分开记比较好，因为错题和难题记录的方式是不一样的。你看，错题需要将错误的解题方法和正确的做对比记录，而难题我可以记上它的难点在哪里，怎么突破，下次再遇到这道难题的时候，就知道怎么去做啦！"

"哦，原来是这样！"米格点点头，随后对着唐卷卷一扬眉，说，"卷卷糖，现在，马上，就陪我去校门口文具店买两个本子吧！我也要用来记错题和难题！"

"OK！"

雪莉老师小贴士

学霸都有两个本子——错题本和难题本，是为了以后复习时使用。错题和难题反映着许多重要的知识点，掌握了错题和难题就等于把高分拿在手。

错题一般分为以下几步来记录：

第一步，记录错题来源，比如错题来自作业还是试卷；

第二步，找出做错的原因，比如是审题错误还是知识点没弄懂；

第三步，记录或贴上错题，并把改正后的答案和之前的做一个对比；

第四步，记录复习该错题的次数，巩固对该错题的掌握。

唐卷卷的错题记录表格

日期		错题（记录或粘贴）	
错题来源			
原因分析		正解	
复习日期			
复习次数			

雪莉老师小贴士

难题一般这样记录：

第一步，贴上或写上难题；

第二步，记录难题的来源，比如来自练习册还是试卷；

第三步，查清难题所包含的知识点，知道答案的推理或演算过程；

第四步，记录复习该难题的次数，巩固对该难题的掌握。

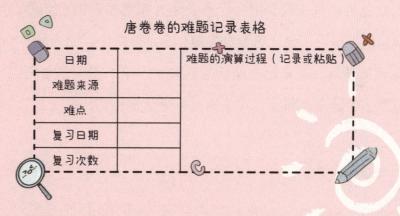

唐卷卷的难题记录表格

		难题的演算过程（记录或粘贴）
日期		
难题来源		
难点		
复习日期		
复习次数		

同学们，你们有错题本和难题本了吗？如果还没有的话，快快去准备，一起开启错题难题双本法吧！

11 六步轻松答题法

太紧张了怎么办?

数学单元练习开始了,试卷发下来后教室里安静得只能听见"唰唰"的书写声,同学们都在全神贯注地答题。自从开展了"红蓝一加一"主题互助活动后,苹果班的同学们在学习上更加积极了,特别是蓝队的同学,都想在学习上取得更大的进步,为"红蓝一加一"小组争得荣誉。

齐乐然当然是最想进步的,因为唐卷卷是大家都想选的小老师,最后却毫不犹豫地选择了和他组队,他可不想让唐卷卷失望!

齐乐然拿到试卷后,就开始充满信心地答题。第一道大题是填空题,齐乐然完成得很轻松,第二道大题是判断题,齐乐然被一道题难住了:

正方形不是特殊的长方形。(　　　)

究竟该打"钩"还是该打"叉"呢?

齐乐然一会儿打了钩,擦掉,一会儿打了叉,又擦掉。来来回回好几遍,他始终不太确定答案,他努力回忆大张老师是怎么讲的,可是越努力似乎越想不起来。

正方形究竟是不是长方形的一种呢？

齐乐然开始着急了，他的头上、手上全都开始冒汗，越着急也就越紧张。看看周围的同学，大家都翻页在做后面的题了，可他还卡在判断题。

"不管了。"

齐乐然擦擦额头上的汗，最终打了个"钩"，随后开始往下做。因为在判断题上耽搁了太长的时间，齐乐然总觉得时间不够，心里更加慌乱，做计算题的时候也一直算错，草稿纸都被他的笔戳烂了。

好不容易才做完，接下来到应用题了。应用题对齐乐然来说是最难的，他紧皱眉头，边读题边思考。

"大张老师，我完成了！"王一满最先举手报告。

"我完成了！"唐卷卷举手报告。

"我完成了！"乐小果举手报告。

"我完成了！"江橙子举手报告。

……

眼看同学们都在陆续举手，时间所剩无几，齐乐然还剩两道应用题没做，他的心里更慌了，完全理不清思路，写字的手也仿佛不听使唤，写出来的数字奇奇怪怪的，就像一个个蝌蚪。

“丁零零……”下课铃声急促地响起。

“收卷！”大张老师一声令下，同学们纷纷起身交卷。齐乐然不得不停下笔交卷。

“正方形不是特殊的长方形。那道题你判的对还是错呀？”

“当然是错呀，大张老师不是讲过吗？正方形就是特殊的长方形啊！”

“嘻嘻，那我做对了！”

……

听着同学们在讨论试卷的答案，齐乐然都忘记了这道题他是对的还是错的，一心想着那两道还没完成的应用题，他感觉心里像被猫抓一样难受。

单元练习的结果出来了，齐乐然的成绩不太理想。

这一次，江橙子却在王一满的帮助下取得了好成绩。江橙子开心极了，甚至有点儿不敢相信呢！

作为江橙子的小老师，王一满当然也开心。

“对不起，卷卷糖，我让你失望了！”齐乐然不好意思地对唐卷卷说。

唐卷卷拍着齐乐然的肩膀说：“不就是一次单元练习吗？咱们下次好好考就

"红蓝一加一"
互助小组

是了！"

　　"我也不知道为什么，我特别容易紧张，明明平时会做的题，一紧张就不会做了，我是不是太笨了？"齐乐然沮丧地说。

　　"才不笨呢！你肯定是用的方法不对，你别担心，我们是一组的，我来帮你！"唐卷卷继续给齐乐然鼓劲。

雪莉老师小贴士

在学校里，同学们都要面临各种练习、考试。如果没有正确掌握方法，那么即使你平时学习再好，也很难取得好的成绩；相反，掌握了方法的孩子一般能考出超越自己水平的成绩。

要掌握以下方法：

1. 考前绝对不熬夜，如果大脑没有得到充分的休息，第二天会很疲惫，无法发挥正常的水平。

2. 进考场前保持轻松愉悦的心态，考前容易紧张的孩子，可以进行一些自我调节，如心理暗示，告诉自己："我一定能考好。""我复习得很充分。""考试对我来说就像玩游戏一样轻松！"

3. 拿到试卷不要着急做，快速浏览一遍，能让你慢慢静下心来，浏览完后再胸有成竹地开始做题。

雪莉老师小贴士

4. 找到适合自己的解题顺序，从头到尾法适合多数学生，先易后难法适合平时成绩不理想的学生，先难后易法适合学习优秀的学生。

5. 完成试卷后，借助工具认真检查。检查一定要认真仔细，如果你比较粗心，可以使用直尺作为检查工具，比对着试卷，一行一行地检查题目，确保不漏查。

6. 除非是最后一门考试，否则没必要对答案，以免影响自己的心情。

你掌握正确的方法了吗？

各学科向前冲

12 四步告别"错别字"

谁是"错别字大王"？

"大笑话，大笑话！"乐小果冲进教室笑得前俯后仰。同学们都围过来，想知道是什么大笑话。

"我刚刚经过小林老师办公室，听见老师们在哈哈大笑，我一听啊，原来是小林老师说：'我们班有个同学写作文，说我……'"乐小果说到这里，又止不住地笑，大家被吊足了胃口。

"你快说呀，乐小果，说小林老师什么？"贾豆豆急得催促道。

"说小林老师长了一张'爪子脸'。"乐小果做了个猫爪的手势，哈哈哈，这下把大家都逗乐了！

"是谁呀？是想写瓜子脸吧！"唐卷卷猜道。

"不知道啊，"乐小果耸耸肩说，"反正不是我！"

上作文课的时候，小林老师把作文本发给大家，对同学们说："同学们，上一次的作文是写'我的老师'，我很开心很多同学都选择了写我。不过，在开心的同时，我又心惊胆战，有的同学说我长了一张'爪子脸'，有的同学想写仪表整洁，不过写成了'遗像'的'遗'。"

小林老师摸摸自己的脸，显得很无辜。

"哈哈哈哈……"全班同学都忍不住笑出了声。

"今天这节课，我们就来说一说错别字。从一年级开始，我就告诉过你们，写错别字会闹出很大的笑话。但是有的同学还是没有引起重视，错别字满天飞，成了典型的'错别字大王'。如果写错别字的坏毛病再不彻底改掉的话，我估计下一次还会闹出更大的笑话！"小林老师说。

"老师，那谁是我们班的'错别字大王'啊？"米格好奇地问。

小林老师意味深长地说："我就不点名了，他自己应该知道。"

"错别字大王"？那会是谁呢？大家你看着我，我看着你，互相猜测着。

"我知道了，肯定是贾豆豆，有一次贾豆豆把'秦始皇兵马俑'写成了'秦始皇兵马桶'。"乐小果大声说，他和贾豆豆简直就是欢喜冤家。

"乐小果，你别胡说，可不是我！"贾豆豆摆摆手说，"我这次作文一个字也没错呢！我觉得是江橙子，她有一次写《我家的小乌龟》，写成了《我家的小鸟龟》，我还问她小鸟龟是什么呢！"

"贾豆豆，我那是笔误，我现在很少写错别字了！不信，你问王一满。"江橙子气不打一处来。

"对的，贾豆豆，自从我和江橙子组成'红蓝一加一'互助小组后，江橙子现在每天的生字听写都全对，我做证。"王一满作为江橙子的小老师，拍拍胸脯，认真地说。

"停！别猜了！"小林老师打断了大家，"同学们与其在这里猜谁是'错别字大王'，不如想想如何让咱们班没有'错别字大王'。我们该如何克服写错别字呢？"

全班同学立刻安静了下来，唐卷卷最先举手说："老师，我的方法是编儿歌，我以前分不清带有'青'字的字，后来我就编了首儿歌，再也不怕分不清了：目青目青，眼睛亮晶晶；日青日青，天气放晴；清水清水，青加三水；心情心情，竖心伴青；言请言请，礼貌先请。"

"哇哦，卷卷糖，你也太强了吧！"同学们不约而同地鼓掌称赞道。

"卷卷糖，你简直就是'儿歌大王'！"乐小果竖起了大拇指，他真不知道唐卷卷脑子里还有多少儿歌！

王一满可不甘示弱，连忙举手说出了自己的方法："我喜欢和别人玩猜字谜的游戏，猜字谜能帮助我们记住生字，而且印象深刻，以后绝不会写错！我出一个字谜给大家猜吧。'三人一日游'，猜猜是什么字？"

　　"我知道！是'春天'的'春'！"乐小果最先抢答。

　　"对！我以前总会把'春'字下面写成'目'，这个字谜让我再没有写错这个字！"王一满自豪地说。

　　"王一满，你再出几个字谜，真好玩！"同学们期待地说。

　　"王老头，白老头，同坐一块大石头！"

　　"'碧玉'的'碧'！"

　　"72 小时！"

　　"'亮晶晶'的'晶'！"

　　"上边白云飘，下边水长流。"

　　"'泉水'的'泉'！"

　　……

　　教室里顿时热闹极了，猜字谜的游戏让同学们对生字产生了浓厚的兴趣。大家都争先恐后地举手，只有一个人安静地坐在座位上，听着同学们说的这些好方法，在心里默默地说："错别字啊，我不想再与你为伴了，此刻起，我要向你宣战！必须把你从我的生命里消灭！我不要再做'错别字大王'！"

雪莉老师小贴士

　　对于小学生来说，要学习的生字太多了，很多生字字音相同，字形难记，特别容易混淆，这就造成同学们合写错别字！有没有办法，能让大家战胜错别字，不再做"错别字大王"呢？当然有了。下面这几步，爱写错别字的同学一定要努力做到哦！

　　1. 首次记忆要准确。对生字的首次记忆很重要，也就是我们常说的"先入为主"。如果这个字你第一次就记错了，以后就需要很多次才能纠正。所以，在学习生字时，你一定要认真听老师的讲解，把这个字正确的写法牢牢地记在心里。

　　2. 突出显示自己容易记错的字。当遇到自己总是记不住或者容易记错的字，可以用自己喜欢的彩色笔把它们圈起来，使它们突出显示在课文中，这样你每次读课文的时候就能知道这个字容易错，会引起你的重视。

　　3. 同学互相交流巧记生字的诀窍。和同学一起编口诀、编儿歌、做生字拼图游戏、猜字谜、编顺口溜等，都能将枯燥的记字变成有趣的玩字，帮助你对生字形成正确的记忆，不再出错。

雪莉老师小贴士

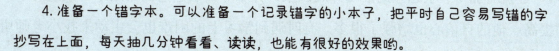

  4. 准备一个错字本。可以准备一个记录错字的小本子，把平时自己容易写错的字抄写在上面，每天抽几分钟看看、读读，也能有很好的效果哟。

  除了以上四步，我们还可以通过很多方式让学习生字变得有趣。相信你也有很多记生字、防止自己写错别字的方法，别忘了把那些好的方法分享给其他同学哦！

13 阅读四步提分法

你可以答得更好!

"红蓝一加一"主题互助活动开展以来,齐乐然在唐卷卷的帮助下,成绩有了一定的提高。他的自信心也增强了很多,有时遇到学习上的困难也会主动来找小老师唐卷卷帮忙。

这天,语文练习卷发下来,齐乐然发现自己跟之前相比,有了很大进步。他真是太开心了!

刚一下课,齐乐然就拿着自己的语文试卷跑到唐卷卷身边,开心地说:"卷卷糖,我……我语文考得不错呢!"

"是吗? 我看看! "唐卷卷也替齐乐然开心,她接过齐乐然手中的试卷,看了看,却慢慢皱起了眉头。

"怎么啦? "齐乐然看到唐卷卷的表情变化,紧张地问。

"齐乐然,我觉得你其实可以考得更好的! "唐卷卷若有所思地说。

"不会吧! "齐乐然不知道唐卷卷为什么这样说,惊奇地张大了嘴巴。

"你看看,你的基础题只扣了 2 分,作文扣了 6 分,但是你阅读扣了 10 分! 太不应该了! "唐卷卷对齐乐然说。

"可是……可是阅读题就是很难啊！"齐乐然也很委屈，他明明是想得到唐卷卷的赞扬，可唐卷卷好像还是不满意。

唐卷卷把试卷铺展在齐乐然面前，指着阅读题上的错误说："你看看，这里明明是让你选择错的词语，你却选择了对的词语，肯定是你没有认真读题目要求啊！还有这道题，让你画出描写蒲公英颜色的句子，这么简单的题，而你没有画，为什么呢？"

齐乐然一看，不好意思地说："我没看到这道题目，看漏了。"

"还有这里，"唐卷卷继续说，"问你这个比喻句用得好不好，为什么？你就只回答了好，没回答为什么。"

齐乐然叹口气，沮丧地说："这里我想了好久，也没想出来为什么，所以只好不写了。"

"你知道吗？回答这种题也有一些固定的答题公式。"

"答题公式？"齐乐然一脸蒙，他可是第一次听说语文也有公式，在他的印象里，不是只有数学才有公式吗？

"当然，比如比喻……"唐卷卷还没说完，乐小果像一阵旋风，从教室外面冲进来，一把抢过唐卷卷手中的试卷。

"齐乐然，我看看你考了多少分？哇，你变超人啦！居然考得这么好！"乐小果不服气地说。

"齐乐然这次没有发挥好，他还能考得更好呢！"

唐卷卷抢过试卷，对齐乐然眨眨眼睛说，"大课间的时候，我再告诉你阅读题的答题公式！"

齐乐然微笑着点点头。

乐小果看看齐乐然，又看看唐卷卷，连忙问："什么答题公式？卷卷糖，你又有什么秘诀？我也想知道！"

唐卷卷故意卖关子，对乐小果说："想知道也行，我教你一首儿歌，你如果背熟了，大课间的时候我就欢迎你来旁听！"

"你快说，背儿歌我最厉害了！"乐小果托着腮侧耳倾听。

"听好啦，'阅读不丢分'儿歌：熟读三遍不偷懒，审读题目圈重点，答完题目打钩钩，答题公式记心中。"唐卷卷流利地背道。

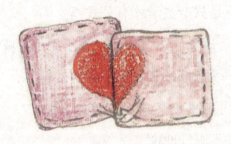

雪莉老师小贴士

　　同学们，你们是不是也经常在语文阅读题上丢分呢？有时，明明是会做的题，也会不小心做错，那就一定要记住唐卷卷教乐小果的这首"阅读不丢分"儿歌："熟读三遍不偷懒，审读题目圈重点，答完题目打钩钩，答题公式记心中。"具体来说就是以下四步：

　　1. 一定要读三遍文章后再答题。有的同学往往自以为是，为了图方便，不读文章直接看问题答题，结果反而要花更多时间去文中找答案，有时还会因为没有理解而找错答案。

　　2. 看三遍题目要求后再答题，并用圆圈圈出重点要求，避免审题马大哈，答非所问。

　　3. 答完一题后要习惯在题目后打钩，避免看漏题而丢分。最后答完卷有时间可以把钩擦掉。

　　4. 回答语文阅读题也有一些基本的答题公式可以参考，平时要多积累。比如比喻、拟人的好处：生动形象地写出了＋对象＋特性；排比的好处：有气势、强调了＋对象

雪莉老师小贴士

+特性；设问的好处：引起读者对……的注意和思考；等等。

　　做好以上四步，你的阅读题一定能减少不必要的失分，甚至能迅速提分！同学们，下次做阅读题的时候，一定记得背一背唐卷卷的"阅读不丢分"儿歌哦！

14 儿歌练字法

唐卷卷的"爆炸"儿歌

这节课评讲语文试卷，乐小果一看自己的作文被扣了 8 分，心想这也扣得太多了吧！他最初怀疑自己看错了，使劲揉了揉眼睛，再定睛一看，没错，真是被扣了 8 分。

这次作文题目是《我的植物朋友》，乐小果写了家里的百合花，他觉得自己写得很好啊，还用上了比喻的修辞手法，比如这里："百合花看起来像一个巨大的喇叭，花瓣大大的、厚厚的，向下微微卷曲着。百合花每朵都有六片花瓣，妈妈说：这是六六大顺，寓意真好！"小林老师却把"喇"字和"微"字用红笔圈了起来，打了两个叉。

乐小果这就纳闷了，明明这两个字他写对了呀，为什么老师判错呢？为了证明自己没错，乐小果连忙把试卷递给同桌唐卷卷，问道："卷卷糖，你看我这两个字明明是对的，老师为什么判我错呢？"

唐卷卷仔细看了看说："你看你这个'喇'字中间没有封口，还有这个'微'字最右边的'反文旁'你写成了'折文旁'，老师当然要判错啦！"

"不是的，不是这样的！"乐小果急了，涨红脸辩解道，"我知道喇叭的'喇'中间是封口的，我只是写得潦草了一点儿而已。还有'微'字我是写的'反文旁'，只是连笔了，老师看成了'折文旁'。这太不公平了！"

　　乐小果边说，边看了看唐卷卷的作文，明明和他的字数差不多，却只被扣了1分，心里更不是滋味。他决定下课后拿着试卷去找小林老师评理去。

　　在办公室里，乐小果对小林老师说出了心中的不满，他认为他这几个字都不是写错了，只是写得不标准而已，不应该被扣分。

　　小林老师微笑着说："乐小果啊，我当然知道你会写这几个字，可是你知道我为什么这次一定要扣你的分吗？"

　　乐小果摇摇头。

　　"你这次的作文其实写得不错，很可惜你的书写太潦草了，字写得张牙舞爪，我用红笔圈出的这些字都是看不清楚的，要么少写了一横，要么没有封口，要么用了连笔，我是语文老师，如果我不严格要求你，是对你不负责任，你以后还会这样不注意书写。"小林老师语重心长地说。

　　乐小果终于明白为什么小林老师要对他的作文重扣分了，原来是因为他字写得不好啊！唉，可这是他的老毛病了呀，他也知道自己的字写得不好，可是有什么办法呢？

　　小林老师似乎听到了乐小果的心声，她继续说："乐小果，你从现在开始就下定决心好好练字，好好写字，语文要想拿高分，书写美观是相当重要的。"

　　"小林老师，我也想好好练字，我妈妈给我买了一大堆字帖呢，可我就是没有耐心练，也练不好。"乐小果如实说。

小林老师想了想，说："这样吧，我让唐卷卷帮助你。唐卷卷的字写得很好，她又是你的同桌，你可以好好向她学习。"

之后小林老师找来了唐卷卷，让她帮助乐小果练习书写。唐卷卷欣然接受了小林老师安排的任务，之后的每一天，只要乐小果在写字，唐卷卷就让他一起念"写字姿势歌"。

"头摆正，肩放平；腰挺直，脚踏地。"唐卷卷一边念着，一边拿起笔板正地坐好，像个严肃的小老师。乐小果看她一瞬间的表情切换，想笑却憋住了，也跟着"唐老师"做起来。

"胸离桌，一拳头；"只见"唐老师"用拳头在书桌前比量着，随后又举起笔，"手握笔，一寸间。"她让乐小果仔细看她的握笔姿势，并提醒道："手指离笔尖要有一寸，眼睛离书本要有一尺，就像我这样，眼看纸，一尺远。"

乐小果点点头，表示记住了。

"一尺一寸一拳头，三个一字要牢记，养成习惯最要紧。"唐卷卷继续说道，"要想写好字，首先就是要注意你的写字姿势，只有姿势对了，才是写好字的开始。"

唐卷卷这个小老师可认真了，只要乐小果背驼了，唐卷卷就会用笔敲敲他的背说"腰挺直，脚踏地"；乐小果的身体靠着桌子了，唐卷卷又会用笔敲敲桌子说"胸离桌，一拳头"；乐小果的眼睛离本子近了，唐卷卷还会用笔敲敲本子说"眼看纸，一尺远"……

"注意注意，一尺一寸一拳头，三个一字要牢记。手离笔尖一寸高，胸离桌边一拳头，眼离书本一尺远。"

在唐卷卷的"火眼金睛"下，乐小果一点儿不敢含糊，慢慢地，这首"写字姿势歌"深深地植入了他的脑海，有时写字，即使唐卷卷不在身边，唐卷卷读这首儿歌的声音也不自觉地在乐小果的耳边响起来。

这天，唐卷卷观察了乐小果的写字姿势，点点头说："乐小果，你现在的写字姿势进步了许多，接下来，我要教你写好字的其他儿歌啦！"

"卷卷糖，饶了我吧！你还有儿歌？"乐小果的脑袋快炸了，他不明白唐卷卷的脑子里为什么装着这么多儿歌！

雪莉老师小贴士

同学们，你学会了唐卷卷教给乐小果的"写字姿势歌"吗？确实，书写在我们的学习中占有很大的比重。通常，大多数语文成绩好的同学书写都工整美观，能给老师留下非常好的印象。想把字练好，除了要注意写字的姿势，你还要有一本字帖：

1. 开始练习时可以从描楷书帖开始，从点、横、撇、捺练起，慢慢增加字体难度。等到手熟了，可以临帖了，再对照硬笔书法字帖进行临摹。

2. 练字时，一定要环境安静，然后平心静气，调整呼吸，姿势自然大方、不拘谨。

3. 记住书写的一些基本方法，比如，先仔细观察例字在田字格中的位置，看好它的笔画顺序，再开始写字。字不能写得太小，也不能写得太大，田字格四周应该留有一点儿空白。

4. 把一些关于写字技巧的儿歌熟记在心，可以帮助我们练字。我们一起来分享唐卷卷教给乐小果的另一首练字儿歌吧：竖要直，横要平，捺有脚，撇有锋；转折处，须慢行，钩有力，线条挺；重心稳，点画匀，有节奏，求呼应；用笔美，讲造型，既悦目，又赏心。

你记住了吗？那赶紧读着儿歌去练字吧！希望大家都能把字写得工工整整的！

15 日记速写法

为什么我的日记总是得"B"？

看着日记本上鲜红的"B"，乐小果愁眉苦脸。

"唉！今天又要写日记，可是写什么好呢？"乐小果真是绞尽脑汁也想不出来！前几次的日记他都是写的晚餐吃什么，小林老师已经严厉地对他说："乐小果，请你以后不要在日记里只写晚餐吃什么啦！不然，我就要去你家吃晚餐啦！"

乐小果看到同桌唐卷卷日记本上又是一个鲜红的"A"，他扯扯唐卷卷的马尾问："卷卷糖，你的日记为什么每次都得A呀？我每天回家除了写作业，就是吃饭、玩，最后睡觉，真没有什么好写的呀！"

"乐小果，你怎么不去问你的红队小老师吴灵聪呢？"唐卷卷问。

"哼！别提了，吴灵聪每天太忙了，都没时间管我！"乐小果一想到"红蓝一加一"主题互助活动，唐卷卷没选他这件事，就忍不住伸手扯了扯唐卷卷弯弯的马尾辫。

"哎哟，乐小果，我不是早就跟你解释过吗？我连好朋友米格都没选呢，因为我觉得齐乐然比你们更需要帮助。"唐卷卷说，"这样吧，你保证，以后不再扯我马尾辫，我就把我写日记的绝招悄悄告诉你！"

"好好好，我保证，你快告诉我吧！"乐小果连连点头。

"我以前呀，也不知道日记写什么，后来我妈妈说，可以把和爸爸妈妈或好朋友聊天的内容记下来，这就是一篇日记。你看，我这篇就是写的我和妈妈讨论周末去哪里玩的对话。"唐卷卷翻开自己的日记本，给乐小果看。

3 月 21 日　星期一　天气晴

每个周末，爸爸妈妈都会带我去玩，爸爸说这是我们的"家庭日"。

"妈妈，这个周末家庭日我们计划去哪里玩呢？"今天晚饭后，我问妈妈。妈妈微笑着问我："卷卷宝贝，你有特别想去的地方吗？"我想了想说："我想去海洋博物馆，又想去乐高新天地，还想去书店买书，真是很难选择呢！"

"宝贝，学会选择也是长大的表现哦，妈妈相信你能自己做出选择！"妈妈摸摸我的头说。

"妈妈，我想到了，我决定这周末去书店买书，因为家里的课外书都快看完了！我快'书荒'了！"我对妈妈说。

"'书荒'这个形容真不错！好的，就这么愉快地决定啦！"妈妈和我快乐地击掌。

"哇哦，卷卷糖，你写得真好！"乐小果恍然大悟：原来日记还可以这样写啊，难怪唐卷卷每次都得 A！

"我有时想不出写什么，就写当天的心情，比如为什么开心，为什么难过。"唐卷卷得意地说。

"啊，我知道啦！"乐小果灵光一闪，"我今天的日记就写你是怎么教我写日记的！"

唐卷卷甜甜一笑，说："如果你下次得了 A，一定要请我吃冰激凌哦！"

"没问题！"乐小果眼睛一眨，趁唐卷卷不注意，又扯了下唐卷卷的马尾辫，一溜烟跑出了教室。

"乐——小——果！"唐卷卷护住自己的马尾辫，大声尖叫。

雪莉老师小贴士

有时写日记，你是不是绞尽脑汁也不知道写什么？

其实，日记来源于生活，老师让大家写日记，就是想让大家养成仔细观察生活的习惯。所以，生活中的点点滴滴都可以成为你写日记的素材。那么，有哪些绝佳素材可以写进日记里呢？

1. 摘抄＋赏析：找一本书，摘抄其中一段话，然后写出你读完这段话的感受。

2. 对话实录：找个话题和父母或好朋友聊聊天，记下聊天内容。

3. 心情陈述：真实记录你今天的心情及原因，比如为什么开心，为什么难过，为什么紧张，等等。

4. 故事转述：可以把你听到的故事，或者看到的动画片里的故事，用自己的话再讲一遍，然后写进日记里。

你准备用以上哪个方法来记日记呢？快快告诉我吧！另外，如果你有更好的写日记的小窍门，也欢迎和我分享！

16 作文"变胖"法

春天"变胖"了

又到了同学们最期待的作文分享课啦！作文分享课上，大家可以上台朗读自己的作文，接受同学们的讨论和点评。同学们都坐得端端正正地等待着小林老师开始呢。

"同学们，今天的作文分享课，我们分享的作文是上周末给大家布置的主题：关于春天的作文。春天来了，看看同学们眼中的春天都是怎样的呢？大家准备好了吗？"

"准备好了！"同学们齐声回答。

"米格，你先来分享吧！"小林老师让米格第一个回答。

米格拿着自己的作文本，走上了讲台。

今天我和妈妈去了公园，春天到了，花开了，树叶绿了，天空有鸟儿飞过。妈妈很开心，我也很开心。草坪上有很多小朋友围坐在一起，他们邀请我一起做游戏，今天真是太太太……快乐了！

米格很快分享完了自己的作文，教室里响起了稀稀拉拉的掌声。

"啊？这就完了？也太短了吧！"

"最后的'太太太……'是凑字数的吧？"

"我也和妈妈一起去了公园，还看到了桃花树，可漂亮了！"

"是啊，我们都不知道米格看的是什么花呀！"

"这篇作文没有让我感受到春天的美好呢。"

……

大家你一言我一语地讨论着米格的作文。

听到大家的讨论，米格低着头，脸红了。她知道自己的作文写得不太好，可她已经尽力了，她实在是不知道怎么写了。

小林老师微微一笑，对米格说道："米格，同学们的问题提得很好，你在修改这篇作文的时候可以具体描述一下看到的是什么花，花的颜色、香味等，可以让你的作文更精彩哦。"

米格捏着作文本，不好意思地点点头，走下了讲台。

接着上台分享作文的是唐卷卷，她甩着微卷的马尾辫，拿着作文本，自信地走上讲台，朗读关于春天的作文。

春天在哪里？春天在桃花林中。一踏进桃花林，就有一股淡淡的香气扑鼻而来。草地上的小草很懒，它们懒洋洋地起床了。桃花很美，粉红粉红的。一只蝴蝶在桃花林中翩翩起舞。

春天在哪里？春天在小河边。哗哗的水声清脆悦耳，好像在演奏春天的交响曲。河水清澈见底，一群群小鱼在水里嬉戏。旁边的柳树垂下如丝的柳条，远远望去像一个姑娘的长头发在飘动。

春天在哪里？春天在树上，一群小鸟在树枝上搭窝筑巢，它们有时还会在枝头上唱着春天的歌儿。树的对面有几朵金黄色的迎春花，一只大蜜蜂正在迎春花上采花蜜，它忙碌着，不想辜负这大好春光！

春天在哪里？春天在哪里？原来春天就在我们小朋友的眼睛里……

"啪啪啪……"

唐卷卷的作文刚一念完，教室里就响起了热烈的掌声，同学们都不由得发出了赞叹。

"唐卷卷你太厉害了吧！"下课后，米格来到唐卷卷身边，无限崇拜地看着她说，"为什么你的作文能写这么长，还能写这么好呢？我每次憋半天都憋不出几个字！"

"因为我能想办法让作文'变胖'呀！"唐卷卷笑着对米格说。

雪莉老师小贴士

同学们，你们想知道唐卷卷是怎么让作文"变胖"的吗？我来为大家揭晓答案吧！

很多同学在写作文时，绞尽脑汁也写不到规定的字数，只好像米格一样东拼西凑成流水账，最后，作文读起来就很苍白，自然也拿不到高分。掌握"作文'变胖'三步法"，你也能轻松写出优美的作文。

第一步，词语变"胖"：如写小鸟，可以在前面加上数词——"一群"，变成"一群小鸟"；如写桃花，可以加上形容词——"粉红的"，变成"粉红的桃花"；如写柳条，可以加上形状——"如丝"，变成"如丝的柳条"。

第二步，句子变"胖"：如描写水声，如果写"水哗哗地响"，就显得很"瘦"、很干瘪。"哗哗的水声清脆悦耳，好像在演奏春天的交响曲。"这样把水的声音描写出来，再加上拟人的修辞手法，让句子更加丰富。

第三步，段落变"胖"：在同一个段落里多增加一些相关事物的描写。如："春天在树上，一群小鸟在树枝上搭窝筑巢，它们有时还会在枝头上唱着春天的歌儿。树

雪莉老师小贴士

的对面有几朵金黄色的迎春花，一只大蜜蜂正在迎春花上采花蜜，它忙碌着，不想辜负这大好春光！"这个段落除了描写小鸟，还描写了小花以及采花蜜的蜜蜂，段落就变得丰富了许多。

　　还可以在同一段落中加上主人公的心理描写，或者引用一些名言佳句，都可以让段落"变胖"哦！

　　同学们，你们学会如何让作文"变胖"了吗？欢迎用以上的方法把自己的一篇作文"变胖"后，来跟我分享！

17 口算 PK 法

谁是"口算王"?

"卷卷糖加油！加油！"乐小果捏着拳头，在心里默念着。

教室里马上要进行口算 PK 决赛，这是王一满和唐卷卷最后的角逐。经过了长达一个月的口算 PK 预赛，王一满淘汰了班级里的其他男生，唐卷卷也在女生中脱颖而出。王一满和唐卷卷分别代表了男生组和女生组，进行最后的决赛。

虽然乐小果是男生，可是他内心是希望同桌唐卷卷战胜王一满的。他不好意思说出来，只好在心里默默为唐卷卷鼓劲。

同学们都围坐成了一个圈，把决赛的两位选手——王一满和唐卷卷包围在里面，气氛热闹又紧张。

这场比赛一共分三轮，第一轮比赛是笔试，每人分别完成 50 道口算题，看谁用时短且准确率高，谁就获胜。唐卷卷和王一满对坐着，两人都带着必胜的决心看着对方，这真是一场荣誉之战！

第一轮比赛开始啦！大张老师抽出两张事先准备好的口算题卡，分别放在唐卷卷和王一满的桌子上。

唐卷卷和王一满立刻进入了"应战状态"，随着大张老师一声令下，唐卷卷和王一满同时提笔，开始做题。

王一满有点儿紧张，眉头紧皱，只见他一手握拳，试图给自己一点儿力量，另一只手飞快写着答案。

笔试可是唐卷卷的强项。她调整呼吸，仔细阅读每一道题，脑子飞速旋转，"唰唰唰"地写出答案，不一会儿，前20道题就已经完成啦！

时间一点点地过去，大家都屏住呼吸，不敢吱声，等待着第一轮比赛的结果。

"我完成啦！"唐卷卷率先停笔示意，紧接着，王一满也停笔示意，可惜晚了五秒钟。大张老师接过唐卷卷和王一满的口算题卡，验证答案是否正确。

"第一轮比赛，嗯……"大张老师故作神秘地制造悬念，搞得气氛更加紧张。

"两位同学的答案都完全正确，但是唐卷卷以时间优势胜出，我宣布第一轮唐卷卷获胜！"

"唐卷卷赢啦！"女生们全都欢呼起来。乐小果也在心里替唐卷卷喝彩，可是脸上却不敢表现得太开心，他毕竟是男生队的呀。他再看向王一满，王一满紧绷着脸，有些沮丧。

第二轮比赛是口算计时赛，一分钟以内，累计答对题的数量更多的那一方获胜。

"第二轮比赛开始，这轮比赛为一分钟计时答题，选手们准备好了吗？"大张老师问道。

"准备好了！"王一满和唐卷卷异口同声地回答。

"这轮我肯定赢你！"虽然王一满暂时落后，但计时赛是王一满的强项，他自信地对唐卷卷说。

"走着瞧！"唐卷卷扬扬眉，也不甘示弱。

首先是王一满先答题，大张老师每出一道题，王一满都能迅速作答，一分钟内答对了26道口算题。接着是唐卷卷，她一分钟内答对了25道口算题。第二轮，王一满胜出，果真扳回一轮。男生们大声欢呼起来！

王一满紧绷的脸终于放松了，他深深呼吸，等待着最后一轮比赛。

最后一轮是口算抢答，也是由大张老师出题，一共21道题，抢答正确一题计1分，失误就把这1分给对手，最后谁得分多谁就获胜。

这一轮是决胜局，把紧张的赛场气氛推向了高潮。

大张老师开始出题。

"44+24？"

"68！"是王一满！他首先抢答对第一个问题，得1分。

"51-26？"

"25！"唐卷卷立刻回答，也得1分。

两人你争我赶，分数咬得很紧。

……

"现在比分是唐卷卷10分，王一满10分，到比赛的赛点了，最后一题，看看谁能够赢得这次的比赛！"大张老师激动得提高了嗓门。

"8+4×5=？"

"60！"王一满太想赢了，还没来得及思考就脱口而出！

"28！"唐卷卷立刻纠正。

"恭喜唐卷卷赢得了本轮的胜利！"大张老师宣布。

这时，王一满才反应过来，他忘记了要先乘除后加减呀！

女孩子们都开心地抱住了唐卷卷。唐卷卷激动得快哭了！

"耶！"乐小果握拳抬腿，也偷笑着为唐卷卷高兴呢！

庆祝完胜利后，唐卷卷大方地走到了王一满的身边，她伸出手对王一满说："王一满，你是我最强的对手，期待与你下一次的决战！"

王一满虽然失败了很难过，但看到唐卷卷这么友好，也不能失了男子汉的风度，他握住唐卷卷的手说："唐卷卷，祝贺你，下一次我一定不会输给你！"

雪莉老师小贴士

　　同学们，你们参加过这样的口算PK小游戏吗？如果你和王一满、唐卷卷一起比赛，你有信心获胜吗？练好口算，能为学好数学打下坚实的基础，让我来告诉大家一些有趣的口算游戏吧。

　　1. 口算计时赛

　　像故事里的王一满和唐卷卷一样，准备同样难度、同样数量的口算题，计时比赛，看谁在规定时间里答题多并且准确率高，谁就获胜。

　　2. 口算抢答赛

　　准备好相应数量的口算题和答案，几个同学轮流抽题目，轮流做评委，看谁抢答得又快又准。

　　3. 数字找朋友

　　在便笺纸上分别写上数字1—10，随机发放给每个同学，让同学们贴在胸前。宣布游戏规则：2人凑10，或者3人凑10就是好朋友。随着年级的增加，可以增加更

雪莉老师小贴士

多的数字，变换游戏规则。

4. 扑克牌巧算 24

挑出扑克牌里 1—10 的数字牌，每次翻出 4 张牌，每张牌只能用一次，通过加减乘除 4 种运算方式，看谁先算出得数 24，并说出正确的运算过程，谁就收取 4 张牌，最后，谁的牌最多谁就获胜。2 人以上就可以参加哦。

同学们，口算能力是很重要的一种能力，口算能力强，可以加快你写数学作业的速度，提高你学习数学的兴趣和信心。要提高口算能力，除了玩以上的口算小游戏，还要加强训练。不管老师留没留口算作业，每天最好都要保持 3—5 分钟的口算练习时间，你做到了吗？

18 超市应用题法

不一样的超市任务

今天下午的课外实践课是由苹果班的家委会组织的——由家委会的家长们带领孩子们去逛超市！乐小果的妈妈平时总是热心地为班级活动出谋划策，这次的课外实践活动就是她提议的，希望孩子们都能把学到的知识融入生活实践中。这个建议得到了所有家长的支持！

一看到家委会的家长代表出现在教室门口，大伙儿可兴奋了：米格嚷着要买些好吃的零食；唐卷卷想去买好看的文具；乐小果只要听说是去外面玩就开心，正伸长脖子等着出发呢！

"这次逛超市可跟同学们平时去超市不一样哦。"出发前，乐妈妈对同学们说，"这次我们是有任务的！超市正在做店庆促销活动，有很多优惠方式，我们家委会特别为每个同学准备了二十元购物基金，看看谁在购物时能精打细算，花钱花得最聪明！今天的活动，我们还特别邀请了一位神秘嘉宾——"

神秘嘉宾？是谁呀？同学们的脸上都写着期待。

"当当当当……欢迎大张老师！"

大张老师在乐妈妈的介绍下闪亮登场，她一改往日严肃的表情，咧嘴一笑，手一挥，说："很荣幸成为今天的神秘嘉宾。不一样的超市任务，苹果班，我们出发吧！"

进超市后，同学们分成几组，推着购物车，开始了超市大采购。

"太好啦！我最喜欢的薯片在打折。"乐小果最先蹦到薯片区，看到"两袋五折"的促销牌，他一口气拿了六袋不同口味的薯片扔进购物车里，手舞足蹈地说："太划算了，太划算了！都是我喜欢的口味。"

"乐小果，你一下子买这么多薯片，不买别的东西了吗？"唐卷卷说，"你算过没有，一袋薯片七元，两袋打五折，六袋就四十二元，打完折也要二十一元，你一共只有二十元。"

乐小果挠挠头说："我只想到便宜，没算账，哈哈，那我只要两袋，我还想买饮料呢！"说完，他从购物车里拿出四袋薯片放回了置物架上。

接着，大家推着购物车来到了饮料区。"果汁买一送一呢！"乐小果这次可学会算账了，他掰着手指头计算着，"刚刚买完薯片还剩十三元。一瓶果汁五元钱，买一送一，我可以拿两瓶，这样我就还剩八元！"算完账，乐小果自信地对唐卷卷眨眨眼睛说："放心，这次我可算账了，还剩八元呢，我还可以买其他好吃的！"

一组人路过果冻区，看到一个阿姨和一个小男孩正在挑选果冻，小男孩约莫四五岁，长得非常可爱，胖嘟嘟的脸蛋，圆溜溜的黑眼睛，他踮着脚尖从置物架上挑选了两袋果冻放进妈妈的购物车。米格也最爱吃果冻，她也迅速挑选了两袋自己喜欢的口味。

"米格，你看，这里写着两袋七折，三袋五折，果冻一袋是十元，买两袋就是十四元，平均一袋七元，买三袋的话十五元，平均下来一袋才五元，还是买三袋划算呢！"

唐卷卷说。

"是啊，卷卷糖，谢谢提醒，那我要三袋！"米格又拿了一袋放进了购物车。

"妈妈，我也要三袋！"旁边的小男孩也跟着多拿了一袋果冻放进了妈妈的购物车。那位阿姨笑着说："好啊，等你以后上学了，也能像姐姐们这样运用数学，精打细算呢！"

唐卷卷和米格听到阿姨表扬，开心得不得了。很快，唐卷卷这一组的同学都买到了各自喜欢的东西，大家推着购物车去和其他小组的同学会合。

家委会的家长们和大张老师已经在会合点等待着同学们了。同学们开心地分享自己的购物成果和购物心得。乐妈妈说："看来大家都收获满满呀，我们家委会刚才默默地观察了每一组同学的购物过程，发现大家在购物的过程中不仅精打细算，还互帮互助，还有同学帮助了其他顾客，为你们鼓掌！"

"这是在表扬我们吗？"米格悄悄地问唐卷卷，两人会心一笑。

"不过，在结账之前，我们要邀请今天的嘉宾大张老师为大家出一道考题！"乐妈妈继续说。

"啊？还要考试啊！"乐小果不情愿地嘟囔了一句，乐妈妈对他摇摇头，示意他耐心。乐小果只好乖乖闭上了嘴巴。

大张老师说："对于同学们刚才的表现，我想给你们一个大大的赞！接下来，我来给大家出一道考题，希望能为今天的课外实践课画上一个圆满的句号，看看哪一组回答得最快！"大张老师举起手中的巧克力开始出题："我手里的这种巧克力一块七元，促销活动，买二送一，但是它还可以参加巧克力区的另一个促销活动，满二十元打七折，谁能告诉我，我参加哪个促销活动划算呢？"

大张老师这个问题也太难了吧！大家听完纷纷皱着眉头思考着，有的同学甚至拿出了笔记本和笔现场计算。

"我知道了！大张老师，参加买二送一更划算：两块十四元，买二送一就是三块十四元；满二十元打七折，就要买三块，是二十一元。算出均价，买二送一更划算！"王一满最先报出了答案！

第一种买二送一：7+7=14 元　14÷3≈4.7 元

第二种满二十元打七折：7×2=21 元　21×0.7=14.7 元　14.7÷3=4.9 元

"王一满同学回答得非常正确！"大张老师拍手称赞道。

大家都鼓起了掌，唐卷卷其实也想出了答案，只不过比王一满慢了半拍，她十分佩服王一满的心算能力。王一满在大家的掌声中露出了自豪的微笑。

"同学们，希望你们通过这次不一样的超市任务而喜欢数学，并能发现生活处处有数学，学好数学，我们也能更智慧地生活！"大张老师最后总结道。

这时乐妈妈说："今天咱们的超市实践活动圆满结束，大家赶快去结账吧！"

雪莉老师小贴士

　　同学们，学数学的目的不只是考试，更重要的是帮助我们解决生活问题，让生活变得更简单。在生活中学数学不仅有趣，还会让人事半功倍哦！

　　1. 做饭的数学

　　每次在做饭时，要盛米、倒水，计算多少米配多少水，计算做饭的时间，学会做饭，就是最好的数学实践。

　　2. 与"我"相关的数学

　　用软尺测量你的身高、三围，用电子秤称体重，推断你穿多大号的衣服和裤子，并记下来，之后买衣服的时候不用试，也能通过尺寸判断一件衣服是否合身。这也是在生活中学数学。

　　3. 游戏中的数学

　　有很多与数学有关的小游戏，比如数独游戏、数字炸弹游戏、黑白棋等，这些游戏中都渗透着丰富的数学知识。能够寓学于乐！

雪莉老师小贴士

4. 出行中的数学

即使一次短暂的外出也能给你提供与数学相关的经验。比如估计一下车子从一处房子到另一处房子要多少分钟，还可以将前方的车牌上的数字飞快地相加，等等。这些都是出行中的数学乐趣。

5. 理财中的数学

在逛商场时学会计算怎么购买最划算，在菜市场买菜时算账，如何合理支配自己的零花钱，等等，也都会用到数学知识。

生活中处处都有数学，课堂上学习的数学并不是无用枯燥的学科，真正落实到生活里，那可是能帮你不少大忙呢！你用自己学到的数学知识解决过生活中的什么问题呢？欢迎和我分享！

19 便笺纸记单词法

来自妈妈的灵感

"咚咚咚……"周日的夜晚，江橙子敲响了妈妈卧室的房门。江妈妈见江橙子抱着英语书，垂头丧气的样子，轻声询问她："宝贝，怎么啦？"

江橙子沮丧地走到妈妈身边坐下，妈妈正开着笔记本电脑工作，书桌上还放着一些工作的资料。

"原来不只我作业没完成，妈妈你也还有作业呀？"江橙子问。

"对呀，宝贝！"妈妈说，"妈妈的工作还没有做完，你能陪妈妈一起完成吗？你有不开心的事情，也可以和妈妈分享哦。"

江橙子点点头，心里想着要如何告诉妈妈自己的苦恼。

江橙子手里抱着的那本英语书，里面夹着一张英语单词听写测试卷，需要给家长签字，可是江橙子错了一大半，她不好意思开口，一直拖到了周日晚上的最后一刻，不得不告诉妈妈了。

"妈妈，我这次的英语单词听写又错了好多，我总是记不住单词！"

江橙子鼓起勇气把听写测试卷递给妈妈，她觉得学英语实在是太困难了，每次听写单词时，不是单词拼写错误，就是张冠李戴。展开英语书时，单词好像都记得；合上英语书，就好像都不记得了。

比如老师明明念的是 week，中文含义是"星期"，而江橙子却写的 weak，中文含义就成了"虚弱"，这可闹了大笑话。这样的情况层出不穷。

江妈妈接过听写测试卷，仔细看了看，在上面签上了名字，然后她摸摸江橙子的头，温柔地说："宝贝，你别急，记单词可不能死记硬背，也是要找方法的，你可以试着找一找记单词的方法。"江妈妈说着，从书桌上的文件里抽出一张黄色的便笺纸，说："你看，我的每个文件夹里整理的都是不同的资料。我以前总是把文件搞混，后来，我想到一个方法，为了分辨它们，并且能迅速找到相应的文件夹，我会在便笺纸上备注好类别……"

"我知道了，妈妈！谢谢你让我有了灵感！你能送我一些你的便笺纸吗？"江橙子一扫刚刚的阴霾，露出了笑容。

"当然啦！"江妈妈从抽屉里拿出好几本便笺纸递给江橙子，"期待你找到好方法！"

江橙子回到卧室，就开始了她的大计划：她用各种颜色的笔在便笺纸上写上英语单词，随后在桌子上贴 table，椅子上贴 chair，笔上贴了 pen。房间的各个角落贴满了便笺纸：door、book、window、wall……

江妈妈做完工作，悄悄推开了江橙子卧室的门。打开房门的一瞬间，江妈妈忍不住笑了，房间里到处都贴满了便笺纸，江橙子还在埋头苦干地写呢。听到妈妈的笑声，江橙子灵机一动，用笔在便笺纸上写了一个 mother，"啪"地贴在了妈妈的身上。

"宝贝，这就是你找到的记单词的好方法？"江妈妈问。

"是的，妈妈，这是我根据你的提示想出的便笺纸记单词法。妈妈，你快考考我。"

"水的英语单词怎么拼呢？"

"water！ w-a-t-e-r。"江橙子看着矿泉水瓶上的便笺纸脱口而出。

"真棒！每天都看着这些单词，相信你很快就能记住啦！"江妈妈和江橙子击掌加油！

雪莉老师小贴士

除了便笺纸记单词法，你们还知道哪些记单词的好方法呢？我还知道一些记单词的小妙招，我们一起来学习吧！

1.分类记忆：把学过的单词进行分类，如以颜色、文具、动物、食品、职业等为类别，进行分类记忆。

2.组合记忆：把几个相同的字母看作一个整体，加上其他不同的字母来记，如ow，再加上不同的字母，可组成how、cow、low、now、town、down、know等；ight，再在前面加上不同的字母，可组成eight、light、right、fight、night、sight等。

3.形象记忆：如tree，把tr看成树干和树枝，把ee看成树叶；eye，把两个e看成两只眼，中间的y是鼻子；banana，把a看成一根根的香蕉；bird，把b和d看成一对翅膀；等等。

4.感官记忆：记单词时，不要只用一种感官，尽可能地用多个感官，耳听、嘴读、手写、眼看、心记等。

雪莉老师小贴士

5. 卡片记忆：自制单词卡片，随身带着，有空就拿出来读一读，记一记。或者像江橙子一样通过贴上便笺，增加与单词见面的频率也是记忆单词的好办法。

其实记忆英语单词很简单。只要我们找对了方法和技巧，记住英语单词就轻而易举啦！同学们，如果你有更好的记英语单词的方法的话，欢迎和我分享！

20 兴趣英语学习法

"嘿，朱迪，不要沮丧"

周末的早晨，王一满被厨房里叮叮咚咚的响声吵醒，他迷迷糊糊地醒来，揉着眼睛来到厨房，看见满头大汗的妈妈正在捣鼓一个红色的圆盘机器。

"妈妈，您这是在做什么呀？"王一满疑惑地问道。

王妈妈擦擦头上的汗，无奈地指着那个圆盘机器说："我在网上买了一个早餐机，本来想今天给你们做一个煎饼，可是这机器我捣鼓了一早上还是不会用，上面全是英文。唉，都怪我英文太差了！"王妈妈看起来又生气又沮丧。

王一满连忙帮妈妈看那个早餐机，告诉妈妈每一个英文按钮的功能。

"原来是这样啊！我没按程序就选择了启动，怪不得不行。我真是太笨了！儿子，你饿了吧？你先自己弄点儿面包吃，我再来研究一下这东西。"妈妈皱着眉头着急地说。

"不要生气，Jude（朱迪）女士。"看到妈妈不开心，王一满灵机一动，想到了一个办法安慰妈妈。"Jude"这个英文名还是王一满给他妈妈起的呢。

"Hey Jude, don't make it bad.（嘿，朱迪，不要沮丧。）"王一满突然围着妈妈唱起歌来。

妈妈云里雾里，看着儿子在眼前转。

"妈妈，跟我一起唱歌吧！"王一满拉起妈妈的手，转起圈来。

"儿子，你这是要做什么？"王妈妈虽然很迷惑，但是一下子就被王一满的举动逗笑了。

"nanana，nanana，Hey Jude，朱迪女士！和我一起唱！"王一满鼓励着妈妈。

看着儿子如此可爱的举动，妈妈也放下早餐机，跟着王一满唱起歌来。一时间家里一片欢声笑语，妈妈不会弄早餐机的沮丧也一扫而净。

"儿子，这首歌是什么意思呀？"妈妈问道。

"Hey Jude, don't made it bad, Take a sad song and make it better."王一满解释道，"这首歌的意思是：嘿，朱迪，不要沮丧，找一首哀伤的歌，把它唱得欢乐些。妈妈，您不就是朱迪女士吗？这首歌就像专门给您写的一样。我慢慢教您，您和我一起学吧，以后您不开心的时候就唱这首歌，就不会不开心了。"

王妈妈看到儿子这么懂事，不由得感到温暖，她紧紧地拥抱住王一满："谢谢你，儿子，你英语成绩那么好，是不是就是听歌听会的？"

"是啊，妈妈，听英文歌可以帮助我们学英文呢，您也可以和我一起听歌学英文！"王一满迫不及待地想跟妈妈分享他找到的学习方法。

"听歌真的能学英语吗？"王妈妈半信半疑。

"是的！只要会'哆来咪'就能学会英语！"王一满自信地说。

"真的这么神奇？"王一满妈妈好奇地问。

"哆，是一只鹿，一只母鹿。Do-a deer, a female deer."王一满唱起来，向妈妈模仿鹿角的样子。

妈妈跟着王一满的节奏轻声哼起歌来。

"来，一缕金色的阳光。Re – a drop of golden sun."王一满继续唱。

"那咪是什么呢？"王一满妈妈迫不及待地问道。

"咪，是我对自己的称呼。Mi– a name I call myself."王一满拍着自己的胸脯。

"我明白了！听英文歌学英语真是太有趣了，我决定了，以后在做早餐的时候，我就一边听英语歌一边烙煎饼！"王一满妈妈兴高采烈地说。

雪莉老师小贴士

同学们，学习英语最重要的是找到你的兴趣与英文的结合点。如果你像王一满一样平时喜欢音乐，喜欢听歌，就可以多听英文歌，来帮助你练习听力和发音。除了听歌可以学习英语以外，我再给大家推荐几种兴趣英语学习法，一起来看看有没有你喜欢的吧！

1. 看英语原版书，更加清晰地理解单词的含义

英文原版书籍除了能买到纸质书，也能买到电子书。你看过哪些英语原版书籍呢？ *Curious George*（《好奇的乔治》）、*The Berenstain Bears*（《贝贝熊系列丛书》）、*Madeline*（《玛德琳》）、*Millions Of Cats*（《100万只猫》）、*The Little Prince*（《小王子》）、*Magic Tree House*（《神奇树屋系列》）等都是不错的英文原版书哦。

2. 看电影、纪录片学习英语

除了通过阅读纸质书、电子书之外，观看视频学习英语也会让你的印象更加深刻，语感更加丰富。你看过哪些英语电影呢？《冲浪企鹅》《冰河世纪》《海底总动员》《小

雪莉老师小贴士

鹿斑比》《了不起的狐狸爸爸》《小美人鱼》等都是不错的英语电影哦。

3. 听英语新闻报道

有同学不知道 CCTV-NEWS 这个频道吗？我们还可以通过看这个频道的新闻，了解国内外都发生了什么有意思的事情，还可以潜移默化地学习英语哦！

同学们，你们学会如何利用自己的兴趣学习英语了吗？你还有什么学习英语的好方法吗？把你的方法写下来，跟大家一起分享吧！

21 情境对话法

"熊在你身后！"

每周四是最令乐小果头疼的日子。Miss 陈为了训练同学们的英语口语能力，把这一天设定为英语日，为的是通过模拟表演、情境对话，让英语真正走进同学们的生活中。

同学们被分成几个小组进行比赛，Miss 陈要求在这一天，大家都要运用英语交流，回答对问题的同学有加分，回答错误或者没用英语对话的同学，就会被扣分。

乐小果的英语太烂了！每周的英语日，他都会出错，连累小组被扣分。所以，一提到英语日乐小果就头大。

上课铃声响起，Miss 陈抱着英语书本进入教室，热情地跟大家打招呼。

"Good morning, boys and girls!（早上好，男孩女孩们！）"

同学们也回应道："Good morning, Miss Chen.（早上好，Miss 陈。）"

"Today let's learn some English words about animals.（今天，我们来学习一些关于动物的英语单词。）" Miss 陈翻开英语书，拿出一些自己制作的小卡片，向同学们展示。

Miss 陈首先拿出了一张猫咪的卡片，模仿猫咪的叫声，再在黑板上写上猫咪的单词"cat"。

接着又拿出了小狗的卡片，向同学们提问："Do you know what it is?（你们知道这是什么吗？）"乐小果一激动，高高地举起了手，说："I know!（我知道！）这是泰迪狗！和我家里那只简直一模一样！"坐在乐小果旁边的唐卷卷，又惊又急，紧张地用手扯了扯乐小果的衣角，小声地提醒他："Today is English day, please speak English!（今天是英语日，请说英语！）"

其他小组的同学也立刻提出异议。

"Le Xiaoguo didn't speak English!（乐小果没有说英语！）"贾豆豆大声说。

乐小果突然反应过来，赶忙捂住了自己的嘴。

Miss 陈点点头，对乐小果说："Yes,you are right. But today is English day. You need to answer questions in English, so your group lose one point.（是的，你回答正确。但今天是英语日，你需要使用英语来回答问题，所以你们小组需要被扣掉 1 分。）"

小组的其他成员都生气地看着乐小果，王一满最不想输，他对乐小果拱手说道："Le Xiaoguo, I beg you, stop talking.（乐小果，我求求你，别说话了。）"乐小果无奈地耸耸肩。

同学们你追我赶，用英语回答了好多关于小动物的问题，各小组之间的分数不分上下。

快下课时，教室里来了一只不速之客。一只蜜蜂偷偷地从窗户缝里溜了进来，绕到了 Miss 陈的身后，在她的身后盘旋。同学们都不敢出声，纷纷惊恐地指着 Miss 陈。

"What happened?（发生了什么？）"Miss 陈问道。

乐小果可不敢再说中文了，他也指着 Miss 陈头上的蜜蜂，脑子里迅速搜索着蜜蜂的英文单词。

"Bear!（熊！）"乐小果惊呼！

"Bear ?" Miss 陈睁大眼睛。同学们哄堂大笑。

"Yes!（是！）"乐小果点点头说，"The bear is behind you!（熊在你身后！）"

Miss 陈听到后惊慌失措地转过身去，只见一只蜜蜂正在她的身后盘旋。Miss 陈赶忙把窗户打开，同学们也齐心协力帮助老师把小蜜蜂赶了出去。

Miss 陈又好气又好笑，对乐小果说："Thank you, but the bee's English word is bee, not bear.（谢谢你，但是蜜蜂的英语单词是 bee 而不是 bear。）"乐小果不好意思地挠挠脑袋说："I know! It's a bee, not a bear.（我知道了！它是蜜蜂，不是熊。）"

这堂课对大家来说真是印象深刻，如果不好好学英文，说错单词的话，就会像乐小果那样，闹出大笑话呢！

雪莉老师小贴士

　　情境对话是学好英语很有效的方法。我们在生活中可以模拟一些情境，运用英语对话，在交流中纠正发音，培养语感和良好的英语思维能力。

　　以下是一些情境对话的小方法，一起来看看吧！

　　1.模拟陌生人对话

　　同学们之间装作不认识，让对话变得新鲜有趣。例如，可以假装在户外问路："Excuse me? How can we go there?"这样可以学会用英语问路。同学可以回答"right""left""turn around"等，学会一些代表方向的英语单词。

　　2.观看英语原声电影，跟着角色学对话

　　有许多好看又有趣的儿童电影，例如 *The Little Prince*（《小王子》）、*The Croods*（《疯狂原始人》）等。观看这样的英语原声电影，跟着电影中的角色学习英语，重复他们的对话，能提高英语的口语能力。

雪莉老师小贴士

3. 和父母模拟对话，把英语融入日常生活当中

在日常生活当中，我们与父母对话时，可以常使用英语。比如放学回家，敲门后，可以说："May I come in?（我可以进来吗？）"当父母回家时，我们可以询问："Did you have a nice day?（今天过得愉快吗？）"把英语融入日常生活当中，让英语随处可用。

情境对话，可以使我们有身临其境的感觉，大大激发我们的英语表达欲望。同学们，你学会如何通过情境对话来学习英语了吗？快快告诉我，你是怎么做的呢？

高效学习法

22 专注力强化法

不再做"木头人"

"贾豆豆，我们去踢球吧！"

刚下课，乐小果就抱着足球来找贾豆豆，可是贾豆豆却像个木头人一样端端正正地坐在座位上，一动也不动。

"贾豆豆！"乐小果用手指戳了戳贾豆豆的肩膀，贾豆豆还是纹丝不动。

"你怎么了？"乐小果围着贾豆豆转了转，他放下足球，伸出双手挠了挠贾豆豆的胳（gā）肢窝。

"咯咯咯……"贾豆豆终于绷不住了，抽动着肩膀，笑出了声。

"贾豆豆，你装什么装，我还以为你被点穴了呢！"乐小果说。

贾豆豆笑完，叹口气说："乐小果，你不知道，我这是在练习静坐。我妈说我注意力总是不集中，做事儿不专心，让我下课别惦记着出去玩，练习静坐。"

"你妈又不在学校，你怕什么？走，快去踢球，马上上课啦！"乐小果使劲拽贾豆豆的胳膊。

"别——"贾豆豆摆摆手，朝四周望望，小声对乐小果说，"我怀疑咱们班上有我妈派来的'间谍'，随时监督着我的一举一动。我上次在课堂上走神，我妈居然也知道，我一回家，她就把我狠批了一通，还收了我好多科幻小说。我还是小心为妙，继续静坐吧！"

"间谍？！"乐小果一听来了精神，他最喜欢挑战有难度的事情，于是对贾豆豆说，"放心吧，我一定帮你找出这个'间谍'。这样你下课就可以跟我一起去踢球啦！"

为了帮贾豆豆找出这个"间谍"，接下来的语文课乐小果都没怎么听，一直在观察着班里的同学。他首先排除了那些爱学习的同学，因为他觉得他们整天都忙于学习，根本没有时间当"间谍"。接着，他又排除了很有义气的同学，因为这些同学只喜欢自己玩，不爱管闲事。

想来想去，这个"间谍"的范围就缩小了很多。直觉告诉乐小果，这个"间谍"很可能是个女生，因为女生喜欢和家长们聊天。每一次，乐小果的妈妈来接他，那些女生总会围过去打招呼。

没错，"间谍"一定是个女生！乐小果想到这里，托着下巴点点头。

"乐小果，你来说说这个比喻句把什么比作什么呀？"小林老师见乐小果在点头，以为他会这个问题。

乐小果站起身，慌乱地翻着语文书，不知道小林老师说的是哪个比喻句。

"老师，我……我想去厕所！"正在这时，贾豆豆着急跳起来，举手报告。

"我不是说过下课后要第一时间去上厕所吗？"小林老师有点儿生气。

"老师，不怪贾豆豆，是他妈妈让他下课静坐，不准出去！"乐小果连忙替贾豆豆解释。

小林老师看看乐小果，又看看贾豆豆，说："你们俩啊，难兄难弟，半斤八两。贾豆豆，你先去厕所。下课后，你们俩都到我办公室来。"

在小林老师办公室，贾豆豆和乐小果都认识到了自己的错误，一个下课不抓紧时间上厕所，另一个上课不专心。

"贾豆豆啊，我会告诉你妈妈，不能用静坐这种机械的方式来训练你的专注力，要用科学的方法。乐小果，你的毛病和贾豆豆是一样的，也是专注力不够，容易分心，你们这两个难兄难弟啊，要一起进步才行！"

小林老师说完，乐小果和贾豆豆互相对视一眼，忍不住想笑，又努力憋住。

放学后，家长们已经在校门口等待着孩子们排队出来了。乐小果睁大眼睛盯着班级里的每一个同学。果真，他看见米格最先跑出队伍，跑到了家长们中间。乐小果快步跟上去，只听见米格正在跟贾豆豆的妈妈说："阿姨，贾豆豆今天被小林老师批评了，下课还去了办公室呢。"

米格刚要转身寻找乐小果的家长，就被乐小果一把拽住，大声说：“终于被我抓到了，米格，原来你就是那个‘间谍’！”

一听抓到了“间谍”，贾豆豆也冲过来想瞧瞧是谁。

“小林老师来啦！”米格声东击西，扮了个鬼脸，一溜烟儿跑了。

小林老师和贾妈妈沟通后，贾妈妈知道做错了。她对贾豆豆说：“豆豆，是妈妈不对。小林老师告诉了我一些训练专注力的方法，让我陪你一起完成。以后在学校，你好好上课，下课就好好休息，该上厕所上厕所，该玩就玩，别再傻坐了！”

贾豆豆点点头说：“妈妈，我能把训练专注力的方法和乐小果一起分享吗？”

“当然可以，小林老师说了，你们俩的毛病差不多，是一对难兄难弟！”贾妈妈笑着说。

雪莉老师小贴士

同学们，你上课的时候容易走神，做事儿的时候容易分心吗？如果是，那说明你也需要训练自己的专注力，因为专注力是否集中，直接影响你上课的效率和作业的正确率，最终影响学习成绩。道理大家都懂，关键是如何训练自己的专注力呢？不要急！我给大家推荐三个简单方便、在家就能完成的专注力强化法，赶紧来训练吧！

1. 舒尔特训练法

舒尔特训练法是世界上非常专业、普及的专注力训练法，俗称"舒尔特表格"。在纸上画出25个1cm×1cm的小方格。然后在小方格之中，打乱顺序填写1—25的数字。训练时，在方格之中按顺序找出1—25个数字，并计时。数完25个数字所用时间越短，专注力水平越高。

舒尔特表格

9	22	18	17	23
6	24	10	5	25
13	8	15	19	12
14	16	11	20	7
4	1	3	21	2

时间 _____

2. 大声读书法

大声读书有利于训练专注力。每天安排10分钟，选择你喜欢的图书大声朗读，读

雪莉老师小贴士

书是一个口、眼、脑相互协调的过程。在读书的过程中，不能读错，读错后就要从头再来，这个训练需要你的注意力高度集中。

3. 游戏训练法

许多智力训练书或者智力游戏都能帮助你提高专注力，例如走迷宫、找不同、穿珠子、运小球、词语接龙等。经常和家人、同学一起玩玩，也能在游戏中提高你的专注力哦！

以上三个专注力强化法，你都学会了吗？快快告诉我，你最想实践哪一个呢？

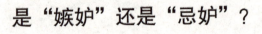

23 讨论发现法

是"嫉妒"还是"忌妒"？

唐卷卷和米格两家住在同一个小区，她们俩从幼儿园到小学都是同学，自然成了好朋友，周末时两人也经常在一起做作业、玩耍。这天，米格到唐卷卷家一起做作业，做完作业两人又一起看儿童绘本。

"我们来朗读绘本吧！"米格提议。

"好呀好呀！"唐卷卷也喜欢读绘本，每次读绘本都有一种身临其境的感觉。

唐卷卷选了一本《爱嫉妒的小刺猬》，和米格一人朗读一段。

有月亮的晚上，小鼹鼠翘翘穿着亚麻花边的裙子，钻出土洞散步。月光照在她身上，裙子像镀了一层银色的光，漂亮极了。小刺猬看到她，眨眨眼，说："你的裙子真难看！"

"我……"翘翘的脸红了，她真想躲回家。

"翘翘，别听他的，你的裙子很漂亮。"小兔轻轻地走来，赞美着。

"明明就是很难看！"小刺猬继续说。

"是你爱嫉妒，那裙子不知多么漂亮呢！"小兔说中了小刺猬的心事。

……

"等等，米格，我觉得'嫉妒'的'嫉'应该读二声，不读四声哦！"唐卷卷给米格纠正。

　　"不会吧，'嫉妒'的'嫉'是读四声吧，我听大人们都是这样读的呀。"米格不承认自己读错了。于是两人拿着绘本去问唐卷卷的妈妈。

　　"阿姨，请您读读这个词！"米格指着绘本上"嫉妒"这个词。

　　"嫉妒！"唐妈妈读的是四声。

　　米格得意地看了唐卷卷一眼，说："你看，我说我没错吧，读二声多别扭啊！连阿姨也读四声呢！"

　　唐卷卷不死心，她说："大人们有时也会错呀，我记得这个字就该读二声。等等，我去找证据。"

　　唐卷卷拿出手机、字典开始查找起来，结果证明，唐卷卷真是对的，"嫉妒"的"嫉"就是读二声！在唐卷卷的证据面前，米格惊讶地发现自己真的读错了。原来有些字，大家都这么读也不一定是正确的，要不是唐卷卷不放弃纠正她，这个字她还要一直读错呀！

　　唐妈妈也恍然大悟，说："我们怎么会都读错呢？"

"妈妈，我觉得大家是把'嫉妒'和'忌妒'两个词语混淆了。你看这里写的，忌妒读 jì du，它一般表示因人胜过自己而产生仇恨心理；而嫉妒读 jí dù，是一种普遍的不喜欢别人比自己好的心理现象。"唐卷卷说。

　　"那就是说忌妒的程度比嫉妒更强！"唐妈妈点点头，"我记住了，以后也不会读错了！"

　　"我知道啦！忌妒比嫉妒强，嫉妒又比羡慕强，卷卷糖，其实我有时也羡慕你成绩比我好，但是我永远不会忌妒和嫉妒你！"米格也加入了讨论的队伍。

　　"哈哈哈哈，米格，你太可爱了！我希望你们永远不要互相嫉妒，要相互鼓励和陪伴，做一辈子的好朋友！"唐妈妈搂着米格和唐卷卷说。

　　"妈妈，我和米格永远不分开！"

　　"不分开！"

　　唐卷卷和米格开心地回应。

雪莉老师小贴士

通过这次讨论，米格纠正了自己的读音，掌握了词语正确的读法和用法。看来，同学们之间相互讨论，还能发现错误，并纠正过来！

我们叫它"讨论发现法"。讨论发现法是经过双方或多方的讨论，最终得出发现或纠正错误的学习方法，一般发生在无意识的聊天过程中。而且，通过讨论纠正错误，不仅仅适用于语文，还可以运用到其他学科中。

1. 做数学题时，可以通过和同学讨论，发现新的、简便的计算方法。

2. 写作文时，可以通过讨论，确立写作的中心，还可以交流适合本次作文主题的名言佳句，引用到自己的作文里。

3. 学英语时，可以通过讨论，交流彼此记单词的好方法。

4. 考试结束后，也可以通过讨论错题，找到做错的原因，对症下药，避免以后再犯相同的错误。

雪莉老师小贴士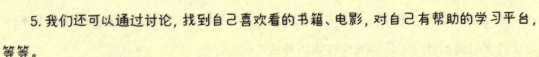

　　5.我们还可以通过讨论，找到自己喜欢看的书籍、电影，对自己有帮助的学习平台，等等。

　　总之，讨论发现法可以发现自己的不足，也可以纠正别人的错误，还能集思广益，找到最佳的学习方法。同学们，赶紧去试一试讨论发现法吧，别忘了把你通过讨论后得到的新发现告诉我哦！

24 实验学习法

拯救乒乓球

在学校，乐小果除了喜欢上体育课以外，还喜欢妙趣横生的科学课。在科学课上，科学老师会在同学们面前演示各种科学小实验，每一次都让乐小果看得目不转睛。

星期六，乐小果和乐爸爸在小区里打乒乓球，两人是"你扣我杀"，不相上下。突然，乐爸爸抓到机会，一个大力扣杀，乐小果没反应过来，踉跄一下，乒乓球没有接住，掉到了地上。更惨的是，乐小果踉跄那一下，没控制住身体，一不小心踩了乒乓球一脚，这一脚可不得了，乒乓球被踩瘪了，不能再打了。乐小果把踩瘪后的乒乓球握在手里，霎时很郁闷。

"怎么办？家里也没有多余的乒乓球了，我们现在去买一个新的再回来打吧！"乐爸爸走过来对儿子说。

突然，乐小果的眼睛骨碌一转，想到了科学实验课上老师做过的实验。他举着球拍，大声说："不用买新的，我有办法了，爸爸，我们回去把乒乓球修好吧。"

"修乒乓球？怎么修，你会吗？"乐爸爸边说边揽住儿子的肩膀往家走去。

"你就等着瞧吧。"乐小果胸有成竹地说。

父子俩回到家，乐小果对爸爸说："爸爸，你先帮我烧壶开水吧，记得一定要烧开哦！”

乐爸爸拿起水壶，接上水，随后把水壶放在灶台上，很快，水壶"呜呜呜"地响了，水开了。乐小果早已经准备好了一个透明的杯子，示意乐爸爸把开水倒到杯子里。紧接着，乐小果把被踩瘪的乒乓球放到热水中。

"成功，一定要成功！"乐小果盯住杯子，像许愿一样在心里默念。终于，乒乓球在热水的作用下，慢慢膨胀，变回原来圆滚滚的体形，乒乓球被拯救回来啦！迎来成功的那一刻，乐小果兴奋得一蹦三尺高！

"儿子，这也太神奇了，这是怎么回事呀？"乐爸爸惊讶地问。

乐小果得意地跟乐爸爸讲解："科学课上，我们老师做过这个实验，这就叫'热学原理'。老师说，因为乒乓球中有气体，加热后气体膨胀，所以乒乓球就会胀大。"

"原来是这样啊，看来你上科学课很认真哦！"乐爸爸夸奖乐小果。

"那当然，我最喜欢上科学课和体育课了，因为这两门课最好玩！我们老师当时还说，如果乒乓球有个洞，这个方法就不管用了，因为乒乓球里的空气加热膨胀之后，会从小洞跑出去，乒乓球就不会恢复原状。"乐小果倒掉水，取出还热乎乎的乒乓球，握在掌心旋转，开心地说，"好在我们的乒乓球没有洞，才能恢复原状呢。科学真是太神奇了！"

　　"不仅科学神奇，生活中处处都有学问，所谓'世事洞明皆学问'啊！"乐爸爸感叹道。

　　"爸爸，你说的'世事……洞明皆学问'是什么意思呀？"乐小果疑惑地问。

　　"哈哈，这句话出自《红楼梦》，它的意思是说：如果我们将世间的事情都看明白了，会发现每一处都是学问。"乐爸爸笑着说，"儿子，你看，不仅要把体育课、科学课学好，语文课、数学课也要学好才行呢！"

　　"知道了，老爸，走，我们再去继续'厮杀'呗！"乐小果拿起乒乓球拍和拯救好的乒乓球对乐爸爸说。

　　"好啊，谁怕谁呀，走！"

雪莉老师小贴士

实验学习法，就是通过亲自试验得到事实真相的一种学习方法。这种方法有利于我们锻炼自己的思考能力和动手能力，养成"实践出真知"的好习惯。不仅适用于自然科学学科，其他学科也同样适用。

1. 亲自验证老师做过的实验

在我们小学生的科学和自然课上，老师会做很多的小实验，但如果我们不自己动手实践一下，很快就会把知识点忘掉。同学们可以回家后，在爸爸妈妈陪同下且安全的环境中，验证老师做过的小实验。通过动手做实验的过程，我们不但能满足好奇心，还能巩固学过的科学知识。

2. 写观察日记

语文学科也可以用实验学习法，比如写种绿豆的观察日记，你一定得先动手种绿豆，然后每天去观察绿豆成长的不同变化，做好记录。这不仅可以锻炼你的写作能力，还能锻炼你的观察力和实践力。

雪莉老师小贴士

3. 数学小实验

很多数学题，我们空想觉得很难，但是动手实践一下就不同啦！比如摆火柴，切西瓜，测量周长、面积，等等，只要亲手去做一做，就能帮我们更直观地理解数学知识，找到学数学的乐趣！

25 录音背诵法

真的要读二十二遍吗？

"红蓝一加一"主题互助活动开展以来，江橙子在王一满的帮助下取得了很大的进步。不过，随着期末的来临，王一满对江橙子的要求也越来越严格了。

这天，语文课上学了《火烧云》这篇课文，要求背诵3—6自然段。江橙子一看这么多字，立即就头大了，她最怕背诵课文，每次背诵她都是最后完成的几个同学之一。

"江橙子，明天你必须背诵完3—6自然段，我要检查！"王一满学着老师的模样，对江橙子说。

"可是……可是小林老师说给我们一周背诵的时间，下周一才检查啊！"江橙子说。

王一满摆摆手说："不行！你现在和我组成了'红蓝一加一'互助小组，你就要听我的！今天回家必须背完，否则我就'开除'你！"

看到王一满这么凶，江橙子只能小声说："看来今晚睡不了觉了。"

看到江橙子的态度，王一满的语气也缓和下来，他把江橙子的语文书翻开，指着《火烧云》那篇文章说："我告诉你一个方法吧，你今天回家先把3—6自然段读二十二遍，记住，一定要二十二遍哦，读完你就自然背下来了。"

"啊！要读二十二遍这么多？"江橙子睁大眼睛。

"是呀！二十二遍读书法是丰子恺老爷爷发明的，他认为，将一篇好文章前后读二十二遍，达到一定数量后，就会把文章读熟，自然而然也就会背诵了。"王一满点点头。

晚上，江橙子做完作业后，立马拿出语文书，翻到《火烧云》那篇课文，开始朗读起来。一遍，两遍，三遍，四遍……当江橙子读到第十遍的时候，真的是口干舌燥，声音都哑了。

江妈妈听到女儿声音都嘶哑了，给江橙子倒了一杯水，问道："橙子，你今天为什么一直读这篇课文啊？不休息一下吗？"

"妈妈，王一满让我读二十二遍，他说丰子恺老爷爷发明了一种二十二遍读书法，读完二十二遍后就能记住读的文章了。"江橙子喝了一口水，吃力地说，"我已经读了十二遍。"

妈妈摸摸江橙子的头，微笑着说："可是你觉得自己快记住了吗？"

"我……我还不知道。"江橙子确实不知道，她只是数着自己读了几遍，并没有很用心地去记课文。

"宝贝，每个人擅长的背诵方式不同，有的人喜欢读，有的人喜欢听，有的人喜欢默看……你要找到最适合自己的背诵方式才能事半功倍啊！"

听了妈妈的话，江橙子想了想，说："妈妈，我好像比较喜欢听，每次我听学习机里的英语朗读时，总是记得比较快。"

"那就对了！妈妈给你一个建议，你可以认真读一遍《火烧云》里要背诵的段落，并且录下你的朗读片段，然后多听几遍，一边听一边背，说不定比你读二十二遍的记忆效果还好呢！"

"妈妈，你真是解救我的'智多星'妈妈！我这就录音试一试！"江橙子开心地说。

第二天江橙子刚到学校，王一满就立即让她背诵。江橙子十分流利地背完了《火烧云》的3—6自然段，然后得意地看着王一满。王一满也吃惊了，他甚至觉得江橙子比他还背得熟练，但是他没有表现出来，只是点点头说："Good！看来我教给你的二十二遍读书法很有效！"

"我用的是录音背诵法！"江橙子说，"这个方法对我更有效，我只听了几遍就记住了课文。"

"录音背诵法？"王一满赶紧凑过头来问，"你是怎么做的？我们是'红蓝一加一'互助小组，不能总是我帮你，好的学习方法你也要跟我一起分享，快说！"

雪莉老师小贴士

背诵，是每个学科都需要用到的学习技能。就像江妈妈说的一样，每个人擅长的背诵方式都不同，有的人喜欢读，有的人喜欢听，有的人喜欢看……你要找到最适合自己的背诵方式才能事半功倍。以下几个背诵方式推荐给大家：

1. 抓领头字背诵法

背诵时常有这种情况：一些本来记得很熟的诗，突然在某句上卡壳。这时如果有人提示一下领头字（或词），就会很快地接上。因此，我们在背诵一篇课文时，要有意识地记每一段的头一句，或头一句中的头一个字（或词），帮助你记忆。

2. 化"长"为"短"背诵法

如果背诵的内容很长，可以把长内容分成几个短小的部分来背。比如背诵《花钟》这一段："凌晨四点，牵牛花吹起了紫色的小喇叭；五点左右，艳丽的蔷薇绽开了笑脸；七点，睡莲从梦中醒来；中午十二点左右，午时花开花了；下午三点，万寿菊欣然怒放……"可以分成六个部分，几点钟，什么花如何？这样一来，每次背的内

雪莉老师小贴士

容少了，难度降低了，速度加快了，最后再把这几个部分连起来背熟。

3. 抄写背诵法

俗话说：好记性不如烂笔头。如果你喜欢写，抄写是背诵的"灵丹妙药"。把需要背诵的内容抄下来，边抄边记，还可以把抄写的内容当成"随身记"，随时拿出来看看，利用点滴时间帮助背诵。

4. 录音背诵法

如果你擅长听，就可以像江橙子一样，在练习背诵时，可适当播放课文录音，边听录音边背诵；如果没有课文录音，也可以把自己的朗读内容录下来反复听。这样很快就能记住要背诵的内容啦！

26 切蛋糕阅读法

原来阅读就像吃蛋糕

这个周末，唐卷卷到米格家和她一起看书，两人挑选了一本《爱丽丝漫游奇境记》。可刚看了几页，米格就坐不住了，她打着呵欠，对唐卷卷说："卷卷糖，我们去吃点儿薯片吧！"

"不行，米格，这本书我都看第二遍了，可是你第一遍还没看完呢！我都没法和你交流感受。"唐卷卷说。

"唉！"米格叹口气说，"你又不是不知道，我读书特别慢，一本书好几个月都读不完，不像你，几天就能读完一本书。"

"你也可以的呀，你知道你读一页书需要多长时间吗？"唐卷卷问。

米格摇摇头，这她还真没测试过！

唐卷卷跳起来，拍拍米格的肩膀说："我来帮你测测！"

"米格宝宝，准备好，计时开始！"

唐卷卷举着手机，点击秒表，开始给米格计时，米格手捧《爱丽丝漫游奇境记》认真阅读起来。

"读完一页啦！"一会儿，米格抬起头报告。

"1分36秒！"唐卷卷摁下秒表说，"米格宝宝，你现在读一页需要1分36秒。这本书有220页，按照你目前的速度啊，你每天读10页需要16分钟左右，我帮你算一下——"唐卷卷打开手机计算器算，随后继续说道："如果你每天坚持读16分钟，22天就能读完这本书。其实并不难啊！一年你至少可以读15本书呢。"

"原来我几个月都读不完一本书是因为我没有按照每天读几页去读，有兴趣的时候我恨不得一口气读几十页，没兴趣的时候就好多天都不读。"米格点点头，终于明白原因了。

唐卷卷说："是的，读书就像吃蛋糕一样，我们如果想一口气吃下一整块大蛋糕，肯定很辛苦，但是如果把蛋糕切成很多小块，我们就能轻松吃下啦！"

"卷卷糖，那你现在读这样一页书需要花多长时间呢？"米格很好奇。

"我现在读这样一页书只需要50秒左右，每天读大概15分钟，10天就能读完一本书。"唐卷卷得意地说。

"哇，卷卷糖，你太厉害了吧！"米格对唐卷卷露出羡慕的眼神，她也希望有一天自己能达到这样的速度啊！

"只要你每天坚持读一点，你也可以的！"唐卷卷鼓励米格。

按照唐卷卷的办法，不到一个月的时间，米格就把那本《爱丽丝漫游奇境记》读完啦！米格还在这周的周记里专门写了一篇读后感呢！

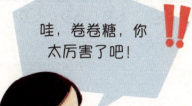

哇，卷卷糖，你太厉害了吧！

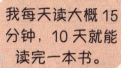

我每天读大概15分钟，10天就能读完一本书。

爱丽丝是一个十分可爱的小女孩，她天真活泼，善良坚强。虽然她只是个孩子，但遇到困难时却总是能告诫自己："哭有什么用？还不赶快想办法！"

我觉得我的好朋友唐卷卷就像爱丽丝一样，在我开心的时候和我一起欢笑，在我伤心的时候安慰我，在我遇到困难的时候帮助我，在我失去勇气时拍着我的肩说："米格宝宝，你一定可以的！"我要像唐卷卷和爱丽丝一样，在生活中常常想办法解决困难，还要学会勇敢和坚强。

米格的这篇周记得到了一个大大的"A⁺"，还被小林老师当着全班同学表扬。

"今天，我要特别表扬米格同学，她这周的周记被选为这个月的'优秀周记'，让我们欢迎米格同学上台朗诵她的周记——《〈爱丽丝漫游奇境记〉读后感》。"

米格拿着周记本自信地走上台，望着台下的好朋友唐卷卷，会心一笑，开始朗读起来。

雪莉老师小贴士

大家都知道阅读的好处，可是有的同学阅读就是特别慢，每次拿到一本书总是积极性很高，但要看完就很难，有时好几天不看，再看的时候还把前面的内容忘了。如何解决这个问题呢？可以用切蛋糕阅读法，把整本书这块"大蛋糕"切成许多"小蛋糕"，一口一口吃掉它。具体来说，分为以下几步：

1. 测试自己的阅读速度，看看自己阅读一页或者一个章节需要多长时间。

2. 根据自己的阅读速度计算出每天的阅读量，建议每天阅读10—20分钟，根据每天的阅读量，从而算出读完一本书需要多少天。

3. 坚持每天完成预设的阅读时间和阅读量，如果因为特殊原因，一天没有完成，第二天一定要把前一天的阅读量补上，否则一拖延就前功尽弃啦！

切蛋糕阅读法最大的好处，就是让每天阅读变成你的一种习惯。你会发现，只要每天不拖延，按时读完一本书，快乐且收获满满。这种每天吃一块小蛋糕的喜悦，会不断地增加你阅读的兴趣和动力，让你的阅读速度越来越快，读的书也越来越多。还等什么！赶快找一本你想读还一直没读的书，去"切蛋糕"吧！

切蛋糕阅读法计划表

阅读任务 （书名）	《爱丽丝漫游奇境记》	阅读计划： 一个月完成
日期	阅读时间	阅读页数	是否完成	阅读心得

27 六步有效阅读法

乐小果的难解之谜

今天是乐小果的生日，唐卷卷、王一满、米格、贾豆豆都来到了乐小果家里，参加他的生日庆祝会。乐妈妈和乐爸爸一起给小朋友们做了丰富的生日大餐，有健康的蔬菜牛油果沙拉、香酥烤鸡翅、焗烤大虾、水果比萨、意式通心粉……全是大家爱吃的，小朋友们吃得可开心啦！

饭后，乐妈妈推来漂亮的生日蛋糕，乐小果在大家的祝福歌声中开始许愿。

"乐小果，前两个愿望要说出来！"米格提醒道。

乐小果转转眼珠，说："第一个愿望，希望我今年期末考试语文成绩要超过唐卷卷！"

唐卷卷笑了，虽然她觉得这不太可能，但今天是乐小果的生日，她当然不能打击他。

"第二个愿望嘛，我希望每次体育课跑步比赛都能赢贾豆豆那一组！"乐小果对贾豆豆眨眨眼睛。

"行，走着瞧！"贾豆豆不以为然地说。

"乐小果，第三个愿望藏在心里，不能说。"米格再次提醒。

乐小果双手合十，闭上眼睛默默地许下了自己的第三个愿望。

"生日快乐！"

在大家的欢呼声中，乐小果吹灭了蜡烛。

乐小果家的书房虽然不大，但是有一整面书架墙，里面摆放了各种类型的书。

"乐小果，原来你家有这么多藏书啊！"唐卷卷是第一次到乐小果家，不禁发出了感叹。

"是啊，我爸爸特别爱看书，他说他小时候的梦想是当一名作家，可是后来却成了一名医生。"乐小果撇撇嘴。

"乐小果，你家这么多书，你看过多少啊？"王一满从书架上取下一本《彼得·潘》，边翻边问乐小果。

"我没算过，应该也看了很多吧，这本我就看过。"乐小果指指王一满手中的《彼得·潘》说，"我最喜欢小飞侠和温迪一起去黑暗城堡救麦克那一段，太精彩啦！"

"我还没看过这本书呢，那我马上看！"王一满拿着书，一屁股坐在了懒人沙发上。

米格和贾豆豆在下跳棋。唐卷卷仰着头，继续欣赏乐小果家的整面书架墙。

"乐小果，你们家居然还有这么多外版书，简直太酷了吧！"唐卷卷看着书架上各种外版图书，

145

再次惊叹道。

"是啊，我爸爸每次出国学习交流的时候，都会去当地的书店买些书，爸爸说这是很好的纪念。"

"我能看看那本英文版的《哈利·波特与魔法石》吗？"唐卷卷踮起脚尖，指着书架上方。

"当然可以，我去搬梯子！"

说完，乐小果"咚咚咚"地跑开，不一会儿，就"呼哧呼哧"搬来一个云梯。乐小果熟练地爬上云梯，给唐卷卷拿下那本英文版的《哈利·波特与魔法石》。

唐卷卷捧着厚厚的书，小心抚摸着封面的格纹，再小心翻开，哇，全是密密麻麻的英文！唐卷卷手指着一排排的句子，看看自己能认识几个单词。

"卷卷糖，你喜欢就借给你吧，回头我跟我爸说一声。"看唐卷卷这么喜欢，乐小果大方地说。

"不用了不用了，我现在也看不懂！"唐卷卷不好意思地摆摆手说。

"乐小果，你说你们家这么多书，你也看了不少吧，为什么你却写不好作文呢？"唐卷卷很不解。

"咳！我也不知道为什么呀！这真是个难解之谜！"乐小果故作深沉地说，"大家都说书看得多，作文就写得好，可是我明明看了很多书，写作文时还是想不出写什么，我爸爸说我脑袋是木鱼做的！"

雪莉老师小贴士

你是不是也像乐小果一样，明明读了很多书，可还是不会写作文？

那是因为你在读书的过程中没有思考，结果读书就像是看电视一样，读完就结束了，读书也就变成了无效阅读。记住以下这五个步骤，迅速学会有效阅读吧！

1. 拿到一本书，先迅速浏览封面、封底，看看书名和主要内容，再看看作者介绍，认识一下这本书的作者，前言、目录也要浏览一遍。这些能让你对本书有个大概的印象。

2. 通过读书，了解该书主要讲的内容。遇到本书中最精彩或者对你最有帮助的章节，那就多读几遍，并用笔勾画出重点词句或者有疑问的地方。不要怕弄脏书——前提是自己的书，留下阅读痕迹才能加深你的印象。

3. 试着去解决书中的疑问，并把你勾画出的重点词句，用喜欢的方式朗读、默读、诵读、表演读、和朋友分角色读等。阅读既要"阅"更要"读"，读的过程是消化内容和知识的过程。

4. 在章节下面写上自己的一些心得，哪怕是一两句话，都是看完书后的体会。以

雪莉老师小贴士

后再看这本书时也会帮你记起这本书带给你的帮助。

5. 最后也是最重要的一点，把你看过的好书的内容讲给别人听，如果别人听了你的讲述，了解了书的内容，就代表你真的吃透了该书。

总之，有效阅读一定是在阅读中思考，把你的所读变成所想，最后形成自己的作文。在没有思考的情况下，多读书、快读书都很难提高写作水平。

读书、思考、写作、表达，形成一个闭环，才是完成了有意义的阅读。

快快找一本书，按照以上五个步骤进行有效阅读吧，记得把你阅读后的感受告诉我哦！

28 时间管理四格法

周末的"战场"

周日的晚上，乐小果的卧室房门紧闭着，里面完全变成了"战场"，衣服扔得到处都是，书桌上的垃圾没来得及收拾，书包里的书本散落一地，乐小果则抓紧时间在埋头赶作业。

"乐小果！你怎么回事，都快 11 点了，还不熄灯睡觉？"房门外传来乐妈妈急促的敲门声和催促声。

"妈妈，马上就睡，马上就睡！"乐小果手中的笔飞快地动着，他一边应付着妈妈的催促，一边在本子上潦草地挥舞着，让人看了都替他着急。

"快把门打开！我倒要看看你在做什么。"乐小果把门反锁了，乐妈妈在门外进不来。

"小果，听话，快开门，你妈妈着急呢！"乐爸爸也敲起了门。

乐小果不得不离开书桌把门打开。

"小果，这么晚了还在干吗？怎么不睡觉？"乐爸爸低头看着乐小果。

"我……我作业还没做完……"乐小果紧张地抠着手指。

乐妈妈已经冲进了乐小果的房间，她看到房间里像垃圾场，气得声音发抖："乐小果，你怎么回事？周末这两天都怎么安排的，为什么到现在还没完成作业，还把房间搞得一团糟？"乐妈妈生气地边数落乐小果边帮他收拾房间。

"昨天本想着玩会儿再做作业，可是下午隔壁的毛毛邀我去花园和他骑自行车；吃完饭本来想做作业，又看了会儿电视；晚上犯困了，就想着今天做；结果今天唐卷卷又打电话催我还她的课外书，我只好抓紧时间把课外书看完……"乐小果越说越小声。

"呵，儿子，你可真行，周末安排得满满当当，就是没有安排最重要的写作业时间！"乐爸爸摸着乐小果的头，又好气又好笑。

乐小果不好意思地挠了挠头说："老爸，今晚不是没办法嘛，明天就周一了，我得赶紧写作业，下周保证不这样了。"

"怪不得刚刚我在门外叫你这么久，你都不开门，原来你也有不好意思的时候。"乐妈妈继续数落道。

"老妈，我也没办法呀，你们快别说啦，明天老师还要抽查背诵课文呢，我真的没时间了……"乐小果指着一堆作业，把爸爸妈妈推出了房间。

"你看看你儿子，现在知道着急了，早干什么去啦？"乐妈妈只好跟乐爸爸抱怨道。

"等明天被老师抽查到他没有背诵，他才知道以后要好好管理自己的时间。"乐爸爸跟乐妈妈说。

乐妈妈点点头："也是，让他明天被老师批评吧，不然不长记性。"

周一的语文课上，小林老师检查大家的背诵情况，同学们都合着书，等待被抽查，被抽到的同学都背诵得很流利，顺利过关。轮到乐小果了，他紧张地站起来，支支吾吾半天，也背不出一句完整的话。

"乐小果，你诚实地告诉老师，周末你背诵课文了吗？"小林老师问道。

乐小果羞愧地低下了头，小声说："周末时间过得太快了，我昨晚做完作业已经12 点了，就没有时间背课文了。"

"哇哦——"教室里发出了同学们的惊叹声。

"乐小果，你也太晚睡觉了吧，我 9 点就睡了，睡晚了长不高！"王一满忍不住说。

"是啊，老师留的作业根本不多，我很快就做完了，之后练了钢琴，去书店买了书，还和爸爸妈妈去野餐了一天呢！"唐卷卷也说。

乐小果挠挠头，他也不明白，为什么大家的周末时间都是一样的，他却总觉得时间不够用呢？

雪莉老师小贴士

我来回答乐小果同学的问题吧：为什么周末的时间都是一样的，有的同学就能好好利用，做好多好多事，而有的同学却总是觉得时间不够用，作业要留到最后一刻才完成呢？那是因为有的同学就像乐小果一样，不知道合理安排时间。什么事情最重要？什么事情先做？什么事情后做？别着急，学会了时间管理四格法，大家就明白该如何合理管理时间啦！

我们没有改变时间的能力，却可以决定事情的优先级。简单来说，我们可以试着根据事情的紧急程度和重要程度，来确定做事的顺序。

首先，我们在纸上画出一个四格图表，按照事情的紧急程度和重要程度排序。

排好顺序后，首先完成第一格里列出的事情，完成以后，再考虑第二格和第三格里的事情，如果还有时间，再完成第四格里的事。这样，我们能保证在第一时间完成最重要的事！

同学们，这个周末赶紧用时间管理四格法来排列一下你的做事顺序吧！刚开始排序可能不那么准确，但你可以不断实践和优化。

雪莉老师小贴士

既重要又紧急

紧急但并不重要

四格时间管理表

不紧急但很重要

不紧急也不重要

29 零碎时间利用法

雨中的小花伞

　　唐卷卷和米格都是学校舞蹈队的成员，下个月，学校舞蹈队要去参加全市的中小学生艺术节会演，排练的节目叫作《雨中的小花伞》。

　　为了能在会演上表现出色，舞蹈老师要求会演前，舞蹈队所有成员每天放学后都要去舞蹈教室进行排练。舞蹈非常美，女生们穿着清新的蓝色小裙子，拿着小花伞，在舞台上跳跃、飞舞。听说正式表演时，舞台还要做下雨的特效呢。

　　刚开始，米格还很开心，因为能代表学校参加全市的表演，是好多女生都羡慕的事呢！不过时间一长，米格就觉得有点儿招架不住了。舞蹈动作非常难，米格每天排练完，四肢酸疼，回家后又累又困，还要赶作业，完成作业的质量自然不高。

　　这天数学课上，米格又因为昨天的数学作业错了太多，被大张老师点名批评。

　　"米格啊米格，你看看你昨天的作业，不仅错误百出，这字儿还写得一塌糊涂，5不像5，6不像6，你是闭着眼睛写的吗？"

　　米格也很委屈，辩解道："老师，我昨天练完舞蹈回家已经7点了，吃完饭就8点了，我做作业的时候真的好困，眼睛都看不清楚了呢！"

　　"你说舞蹈队又不止你一个同学，唐卷卷不也在舞蹈队吗？为什么她的作业就写得

又整齐又正确呢？米格，我觉得你是在找借口！"大张老师一点儿没有同情米格，反而更严厉地批评她。

英语课上，米格又因为没能默写出英语单词，被 Miss 陈要求抄写每个单词 10 遍。

放学后，唐卷卷拿着小花伞来找米格去舞蹈室练舞，看见米格还坐在座位上奋笔疾书，抄写着英语单词。

"卷卷糖，你帮我跟舞蹈老师请一会儿假吧，我抄完英语单词就去舞蹈室。"米格头也不敢抬，着急地对唐卷卷说。

"好吧！"唐卷卷只好一个人拿着小花伞去舞蹈室了。

好不容易抄写完英语单词，米格飞奔到英语办公室，把作业交给了 Miss 陈，又拿着小花伞飞奔到舞蹈教室。

"报告！"

米格站在教室门口大声喊。可是老师和同学们都在认真地排练，音乐声很大，没人理她。米格抿着嘴唇站在门边静静地等。

终于，这一遍排练结束了，舞蹈老师看到了米格，她皱皱眉头说："米格，我不是说过练舞不能迟到吗？"

"我……我……"米格不知道怎么说。

关键时刻，还是唐卷卷出来帮米格解释道："老师，米格不是故意迟到的，她是抄写英语单词去了。"

舞蹈老师示意米格走进队伍，并且对大家说："我们这一次的舞蹈是要参加全市艺术节会演的，这个机会来之不易，每一个舞蹈队的成员都应该好好珍惜。如果哪位同学不能同时兼顾好学习和练舞，我们随时可以换成员。"

大家都不约而同地注视着米格，米格咬着嘴唇，低着头，眼泪在眼眶里直打转。

"卷卷糖，我干脆主动退出舞蹈队吧！"练完舞，回到更衣室，米格再也忍不住了，哭着对唐卷卷倾诉，"你陪我去跟舞蹈老师说吧。"

"为什么呀？你不是说你很想参加艺术节会演吗？再说，我们班就我们俩是舞蹈队的，要是你退出了，我多孤单呀！"唐卷卷揽住米格的肩膀，安慰道。

"可是……可是我不像你，我就是没法兼顾好学习和练舞啊！以前没有每天练舞，我学习还马马虎虎，可是现在每天都要练舞，我感觉自己都没有时间学习了！"米格抹着眼泪，真的不知道怎么办才好。

唐卷卷从校服口袋里掏出一张便笺纸，递给米格，说："你看看这是什么？"

米格接过来一看，便笺纸上写的全是英语单词。

唐卷卷说："我除了练舞，每天还要练钢琴，我还是学习委员，每天要帮老师收发作业。有一段时间，我也觉得时间不够用，后来我妈妈告诉我，时间对每个人来说都是公平的，就看你怎么利用它。于是，之后只要一有空，哪怕只有 5 分钟，我都会好好地利用起来，比如把英语单词写在这上面，只要有空就拿出来看看、记记。"

"可是几分钟真的有用吗？"米格表示怀疑。

"你可别小看几分钟，每天都有许多这样的'几分钟'，加在一起可就能干好多事儿呢！"唐卷卷张开双臂，在空中画了一个圈，夸张地比画道。

"那我也试一试！"米格翻转着手中的便笺纸，对唐卷卷说，"这个可以送给我吗？"

"当然！"唐卷卷点了点头，"我们边换衣服，边背单词吧！"

雪莉老师小贴士

　　世界上最珍贵的东西就是时间了，时间对于每一个人都是公平的，不会多一分也不会少一秒。但是时间也是最容易失去的，每一刻都不停歇地向前走。其实一天中会有很多零碎的时间，如果大家不知道怎么利用就白白地浪费了。大家回忆一下，上学的一天里，有哪些零碎时间可以利用起来呢？

　　1. 早起时间

　　早起一边洗漱、吃早点，一边可以听听新闻报道，了解国内外新闻事件。

　　2. 交通时间

　　坐公交车、地铁或者私家车的时候，适合音频学习，听课文朗读或者英语文章。

　　3. 等待时间

　　所有排队等待的时间适合背诵语文课文、英语单词或者数学公式等。

雪莉老师小贴士

4. 饭前、饭后的时间

吃饭前，可以背背古诗、数学概念等；吃完饭休息的时候，最适合阅读文学作品或者练习书法、画画等，能静下心来沉浸在阅读和学习中。

5. 运动时间

跑步、跳绳、做有氧运动的时候，也可以听听语文的有声朗诵或者英文歌曲等，是学习语言的好时机哦！

据统计，能真正利用零碎时间的孩子只占3%—5%。你若能成为这3%—5%中的一分子，那么你就离成为学霸不远了。同学们，从今天开始，把零碎时间好好利用起来吧，长期坚持，就能看到明显的学习效果哦。

零碎时间利用表格

零碎 时间	早起 时间	交通 时间	等待 时间	放学 时间	午饭后 时间	晚饭前 时间	运动 时间
星期一	听新闻	听英语 短文	背课文	背古诗	画画	记数学 公式	听英文 歌曲
星期二							
星期三							
星期四							
星期五							
星期六							
星期日							

一寸光阴一寸金，
将来的你一定会感谢现在的自己！

30 具有仪式感的小奖励法

冠军啊冠军！

期末考试结束啦！

这天，苹果班正在进行"红蓝一加一"主题互助活动的颁奖仪式！

小林老师微笑着环顾教室，亲切地对大家说："同学们，经过大家的努力，咱们班的'红蓝一加一'主题互助活动取得了阶段性的胜利！通过各学科老师的综合评估，我宣布，本次活动的冠军队伍是——"

全班同学都坐直了身子，竖起了小耳朵，兴奋地看着小林老师。

"冠军队伍有两支，他们分别是唐卷卷＋齐乐然、王一满＋江橙子！"小林老师带头鼓掌，教室里响起了热烈的掌声。所有人的目光都集中在了冠军四人组的身上。

唐卷卷和王一满互相对视了一眼，露出了微笑，他们虽然是最强对手，但也是在班里彼此最佩服的同学。这一次没有分出输赢，那就期待下一次再战吧！

其实，齐乐然和江橙子才是这次活动最大的赢家呢，在唐卷卷和王一满的帮助下，他们俩的学习成绩突飞猛进，自信心也增强了不少。

四个冠军同学携手走上讲台，从小林老师手中接过了红彤彤的获奖证书和奖品。

齐乐然盯着证书上写的"红蓝一加一 冠军队伍"几个字，激动得快哭了，但是一

想到唐卷卷告诉过他，无论什么时候都要微笑，就努力地把眼泪憋了回去，咧着嘴，保持着胜利的微笑。

江橙子呢？她手里捧着获奖证书，小声对一旁的王一满说："谢谢你，王一满，谢谢你让我获得了冠军！"

王一满依然保持着他王子般的高傲，他不动声色地对江橙子说："别说废话了，想想你的获奖感言吧！"

王一满料事如神，果真，小林老师马上就说："祝贺得到冠军的四名同学，下面请你们说说你们的获奖感言吧！"

"唐卷卷，从你开始吧！"

唐卷卷点点头，大方地说："我得到这个冠军要感谢齐乐然，感谢他选择了我。虽然我是他的小老师，但如果他不努力的话，我再怎么帮助他也是没用的。所以，我要谢谢你，齐乐然同学，你很棒！"

齐乐然的脸通红，他更不好意思了。

"那齐乐然，你也说说你的感想吧！"小林老师说。

"小林老师，我可以先下去拿样东西吗？"齐乐然问。

"当然可以。"小林老师点点头。

只见齐乐然从座位上拿上来一个正方形的纸盒，他打开纸盒，说："这里面都是唐卷卷给我的小奖品，有橡皮擦、便笺纸、小贴画，还有很多这样的加油小卡片……"齐乐然一一给同学们展示着。

"每当我取得一点点进步，唐卷卷都会给我一个小奖品。每当我遇到困难想放弃的时候，唐卷卷也会给我写一张加油的小卡片，鼓励我继续努力。这些小奖品给了我很多信心，我才应该对唐卷卷说声'谢谢'，谢谢你相信我。刚刚开始组队的时候，那么多同学都选你，可是你却选择了我，从那时开始，我就告诉自己，一定不能让你失望！我很开心，我做到了！"

齐乐然的获奖感言赢得了大家更为热烈的掌声，连一向调皮的乐小果也忍不住鼻子发酸，手都拍疼了。他大声说："齐乐然，加油！"

"齐乐然，加油！"同学们一起喊道。

终于，轮到王一满发表获奖感言了。

"咳咳……"王一满清清嗓子，严肃地说，"我很高兴我能得到这次活动的冠军，也很高兴江橙子的成绩得到了很大的提高，我

和唐卷卷的方式很不同，我采用的是大张老师经常说的'严师出高徒'的方法，我对江橙子非常严格，当然了，她也很听话……"

"呵呵呵呵……"

同学们都忍不住笑了起来。

最后，是江橙子的获奖感言："谢谢王一满，虽然你确实很严格，有时还对我很凶，但是，我还是很崇拜你，你是我最好的小老师！"

苹果班"红蓝一加一"主题互助活动圆满落幕了，除了获得冠军的四个同学，其他学习进步的同学也纷纷得到了奖状和奖品。乐小果就是其中一个，他拿着"红蓝一加一 进步奖"的奖状对唐卷卷说："卷卷糖，如果下学期再举行这个活动的话，你一定要选我哦。我保证，我不会比齐乐然差，我会好好加油，成为像你一样的学霸！"

"你先保证以后不再扯我马尾辫吧！"唐卷卷身体向后一闪，预防乐小果随时出现的突然袭击。

"嘿嘿，我保证！"乐小果一歪头，嬉皮笑脸地说。

雪莉老师小贴士

亲爱的同学们，你们猜到谁是"红蓝一加一"主题互助活动的冠军了吗？在最后的颁奖仪式中，齐乐然晒出了唐卷卷给他的各种小奖品。这说明适当的奖励确实可以促进我们的进步。但奖励不一定都是别人给的，在学习的过程中，我们也可以自己奖励自己，给自己加油打气哦。

1. 物质奖励

给自己制定一些小目标：如作业全对三次，买一块喜欢的橡皮擦；或者考试进步一次，买一个漂亮的笔记本；等等。可以用自己的零花钱来购买奖品，让零花钱也用得更有意义。

2. 时间奖励

如果按时完成了学习任务，可以奖励自己玩耍的时间，看课外书、看喜欢的电影等。如果怕父母反对，可以事先和父母形成约定，自己也要遵守约定，务必完成任务后再给予自己奖励。

雪莉老师小贴士

3. 精神奖励

精神奖励也非常具有仪式感，可以激发你内在学习的动力。如把得到的证书、奖杯等放在家里醒目的位置，写上激励自己的话贴在墙上，给自己制作一个荣誉榜，等等，都是对你自身的肯定，也能激励你不断进步。

同学们，具有仪式感的小奖励你学会了吗？那从今天开始，制定属于你自己的奖励机制，全新出发吧！

悄悄告诉你，看到这里，这本书就要结束啦！你看完了一本书，也奖励自己吧！

《学会学习——小学生 30 个高效学习法》试读感言

妈妈夸我进步了！

——北京市丰台区长安新城小学一年级　崔家铭　7 岁

　　我最喜欢这本书里的唐卷卷和乐小果。唐卷卷遇到学习上的问题，总是有很多解决的好办法。乐小果虽然成绩不太好，但是他也很聪明，还很搞笑。看到《周末的"战场"》那篇故事，就像看到了我自己。之前我周末也不会抓紧时间，学习了时间管理四格法后，现在我周末一大早，就会在纸上画出四格，按顺序做事情，真的太有用啦！妈妈都夸我进步了许多呢！

我太佩服他们了！

——四川省自贡市汇东实验学校二年级　涂瑾芝　7 岁

　　唐卷卷和王一满好厉害啊，想出了用编儿歌和猜字谜的方法记忆生字，我太佩服他们啦！在《谁是"错别字大王"？》这个故事里，我懂得了把枯燥的记字变成有趣的玩字，每天多读错字本，效果真棒！错别字啊，再也不与你为伴！谢谢唐卷卷，谢谢王一满，谢谢雪莉老师。

快来书里了解我们吧！

——四川省自贡市汇东实验学校（南湖校区）二年级　佘雨桐（8岁）和妈妈共同完成

大家好，我叫佘雨桐，是二年级的小学生。我平时很喜欢读书，历史、科学、故事……我喜欢遨游在文字和想象的海洋里。

我非常喜欢这本书，《谁是"错别字大王"？》《谁是"口算王"？》等故事都像发生在我身边，书中写的好像就是我和我的好朋友们的生活一样。写书的雪莉老师可真懂我们小学生的心理。

书里我最喜欢唐卷卷，她太聪明了，遇到问题总是能想出稀奇古怪的办法。我还学了她编儿歌的方法来记忆容易混淆的拼音呢。

除此之外，我喜欢和妈妈一起读"雪莉老师小贴士"，雪莉老师在小贴士里教了我们很多学习方法，就像哆啦A梦的四维口袋。之前我不知道怎么写日记，每次写出来都很简单，想来想去都是相同的词语。从《为什么我的日记总是得"B"？》的"雪莉老师小贴士"中，我知道了写日记的方法有摘抄＋赏析、对话实录、心情陈述、故事转述，我和妈妈决定用这些方法来完成这篇书评。偷偷告诉你们，这篇书评是我和妈妈在我俩的"秘密基地"讨论、分享收获，然后我口述、妈妈敲键盘写下来的呢！是不是完成得不错呀，嘻嘻！

小朋友们，我非常幸福地向你们推荐这本书，故事有趣，很贴近我们的生活，又能和爸爸妈妈一起读、一起讨论，还能学会很多学习方法呢！如果叔叔阿姨们正在看这本书，看到了我的读书笔记，我想告诉你们：别看我们小，我们也会有烦恼，学习过程不容易，我们也会遇到很多挫折和困难，需要正确的方法，也需要大人的理解和鼓励！快来书里了解我们吧！

想要学习好就要找对方法

——山东省济南市章丘双语学校二年级学生家长　孙天硕妈妈

读了雪莉老师写的关于学习方法的书，真的受益匪浅。以前总觉得学习只要做到上课认真听讲，下课按时完成作业，课堂上能听懂会做就行，其实不然。怪不得孩子不爱学习，写作业总是拖沓，原来是没有找对学习方法。

看了本书才发现，要想学习好就要找对学习方法，只有学会了学习方法，才能对学习产生浓厚的兴趣，才能做到不惧怕问题，从而解决问题。更让我们从此愿意学习，爱上学习，积极学习，并能轻松应对各种学习困难，快乐地度过学习时光。

事半功倍，轻松进步！

——四川省自贡市汇东实验学校二年级　张添誉　8岁

雪莉老师这本书讲述了甜蜜园小学苹果班里性格各异的同学们，在一次次成长的失败中，重新整装出发，正确认识自己，找到适合自己的学习方法，实现自我蜕变的故事。在充满乐趣的故事中，雪莉老师非常巧妙地穿插了一些轻松且有效的学习技巧供同学们参考，让同学们在快乐中学习，比如：通过编儿歌、猜字谜来记生字，通过做游戏的形式练口算，或者听唱英文歌来促进英语学习的进步，等等。

"调整心态，自我管理，高效学习，提高成绩。"雪莉老师这本书给我们传授了许多学习方法和提高成绩的窍门。希望通过这些融于生活中的乐趣学习，令我们的学习生活事半功倍，轻松进步，快乐成长！

这本书也太有意思了吧

——北京市前门小学二年级　王翼翔　8岁

我觉得这本书很有意思，唐卷卷和王一满学习都很好，而且他们俩都是学霸，他们不仅自己学习好，还把好的学习方法教给别的同学，让大家的学习都有进步了。我也好想有他们这样的好朋友啊！"雪莉老师小贴士"也很有用，讲的学习方法清楚又明白！我在自己的学习中都能用到，我要一个一个用起来，也成为一个学霸！

这本书会成为我的学霸"好朋友"

——上海外国语大学附属浦东外国语学校三年级　王雨霖　9岁

我一直以为我学习成绩不好是因为我太笨，但是看完这本讲学习方法的书，我才发现，原来我是没有好的学习方法，而且我也不够自信！我喜欢书中一个个的小故事，这些故事都像是我身边真实的事情一样，那么亲切，越看越好看。虽然是试读本，但我已经看了好多遍！我特别喜欢故事里的齐乐然，他虽然不聪明，学习成绩也不太好，但是他很善良，也会默默地努力，最后，在唐卷卷的帮助下，他的学习成绩也进步了！唉！可惜现实生活中，我没有一个像唐卷卷那样的好朋友。不过，这本书里的学习方法我都可以用起来，相信这本书会成为我的"学霸好朋友"！想到这里，真开心呢！我要加油！

写作业计时法对我很有用！

——四川省成都市泡桐树小学（天府校区）三年级　杨云悠　9 岁

饶老师的作品贴近我们的生活，丰富多彩。书里面的《没有看成的电影》教会了我写作业计时法，效果很不错。之前我做作业时，会玩一些小东西，速度慢，效率不高，写作业花的时间多。运用了书中的办法，现在我写作业比以前节省了 35 — 40 分钟，也不会因为马虎大意而出错了。谢谢饶老师！

充满了乐趣和智慧的故事

——北京爱迪（国际）学校三年级　刘子轩　9 岁

一看到是讲学习的书，本来不想看，但是我在读了第一个故事后，就被深深地吸引住了。这可不是一本枯燥无味的书，而是充满了乐趣和智慧！故事里的主人公都有非常好的学习方法，我终于明白，为什么我学习一般，原来是没有找到好的学习方法。王一满很像我的一个好朋友，他也是一个学霸，平时比较骄傲。我准备把这些好方法用起来，已经用了作文"变胖"法，这次的作文比之前写得长了许多。我相信用完这些方法，我的学习也能赶上我的学霸好朋友！

别做"问题家长"，赶快把这本书递到孩子的手里

——四川省自贡市自流井区檀木林小学　胡晓勤（老师）

日本著名漫画家五味太郎著了两本书《孩子没问题　大人有问题》《孩子不爱学大人有问题》，书中提到有太多"任何时候不懂装懂的大人""缺少学习精神的大人"，他说："对于孩子来说，并不是事事都需要父母。孩子需要的是发生问题时，大人能够接纳自己……需要忠告和建议时，大人能即刻伸出援手。"

雪莉老师就是那个熟悉孩子，向孩子伸出援手的大人。她是孩子们的知心伙伴，所以能够塑造出许许多多"我们身边的孩子"——可能是你的同学，可能是你的兄弟姐妹，可能就是你！雪莉老师虽然现在不在教育一线，但是她却是一位熟悉教学的老师，甚至比很多在教育一线的老师更加热爱教学。孩子专注度不足、知识理解不够、背诵记忆困难……这些最为普遍，最令孩子苦恼、家长焦虑的问题，老师们都无比熟悉，却少有人能像雪莉老师这样细细地梳理。有轻松活泼的校园故事，有专业学习方法的指导，试问有哪个孩子会拒绝呢？如果你的孩子不爱学，那不是孩子的问题，别做"问

题家长"，赶快把这本书递到孩子的手里。

雪莉老师的这本书，是每一个孩子快乐学习的"宝葫芦"，也是每一个家长正确陪伴孩子成长的宝典，值得孩子、家长、老师或其他教育工作者都读一读。

高效源于计划

——广东省佛山市惠景小学五年级　麦子萱　11 岁

唉——总算写完了一页数学作业。咦，怎么还有一页？嗯，不如画会儿画放松放松？哎呀，我就画了一会儿，怎么就已经过去了 20 分钟了？看着时间飞逝，我既着急又疑惑。直到我看了《没有看成的电影》这篇文章，认识了爱偷懒的米格后，我才算弄明白。

米格原来计划写完作文就去看场电影。她从早上开始写作文，却偷偷看了漫画书，午饭后又继续看电视，下午写着写着就睡着了，最后连最晚的一场电影都没赶上。第二天，班上其他同学表示都看了电影，她感到无地自容。同学们的作业量都一样多，为什么有人快，有人却完不成呢？米格是患上了严重的"拖延症"。

回想以前的自己，何尝不是同样的拖拉？时间，是一种珍贵而调皮的东西。争夺它时，它会变得很慢；浪费它时，却会过得很快。我校五（3）班的思瑶同学也曾经与我们分享过"每天做计划，充实每分每秒"的良好学习方法。

那如何才能做到抓紧一分一秒，提高效率呢？我从雪莉老师书中学到的方法是：每做一项小作业前，都先大概看看题量，给自己制订一个完成的时间计划，甚至可以为自己设一个闹钟。在计划的时间里，必须全身心投入这一项小任务，尽量不让其他事打扰。通过多天的练习后，我渐渐变得专注起来，完成作业的时间明显减少了，尝到了成功的甜头。

　　高效的学习多源于一个合理的计划。通过制订每天或者每件事的计划，并努力完成，相信大家都可以变得更高效，拥有更多课外活动的时间。

学会学习，让自己不断进步吧

——四川省成都市师范银都小学五年级　李佳真　11 岁

　　拿起这本书，在我眼前立即呈现出一幕幕生动有趣、精彩纷呈的画面。

　　在读《"嘿，朱迪，不要沮丧"》时，我发现，原来生活中，无所不能的大人们也有自己的短处。我好想成为王一满，通过认真学习提升自我，还可以当大人的小老师！

　　《熊在你身后！》这篇故事也给我留下了深刻的印象。乐小果把 bee 说成了 bear，结果把老师吓了一跳。这让我想起自己和妈妈去美国旅行时问路的经历，我错把 restroom 说成了 restaurant，结果没找到卫生间，白白跑了好几家餐厅。故事后面，雪莉老师给的小贴士，对我学习英语很有帮助！

　　我希望大家都来读读这本书，学会如何高效学习，让自己不断进步哦！

这本书，解决了家长的烦恼

——四川省成都市高新区实验小学二年级学生家长　刘玥辰爸爸

最近，有幸读到了这本关于小学生学会好的学习方法的好书，颇觉与众不同。

我的小孩今年8岁，刚上二年级，我们和很多家庭的父母一样，从小孩临近上学的时候起就为如何教育他们好好读书而烦恼。朋友间的探讨、听资深教育专家的讲座、不厌其烦地向老师请教、买各种教育方法类的书籍学习等，各种方式都用上了，但还是在小孩的日常学习中遇到各种各样的问题。对照专家的教育方法去纠正，压住快爆发的脾气去和孩子沟通，结果学校老师反馈的还是上课注意力不集中、作业完成质量不高等问题。家长们也不知道如何是好。于是，继续买书学习，继续给孩子灌输各种心灵鸡汤，循环往复，但孩子的学习、习惯依然没有太大的变化。

仔细想想，觉得这些都是成年人单方面的行为。大人们要求孩子要怎么做、应该怎么做，其实小孩根本没有理解，勉强接受一些也是受到大人们的逼迫，反而使孩子们产生抵触的情绪，没有达到预想的效果。

拜读了饶雪莉老师写的这本书，意识到这是一本为小孩写的书。雪莉老师从小孩的角度出发，列举了30种学习方法，把这些学习方法编写成生动的故事，让孩子们自己去阅读。这些故事里的情节都是平时发生在自己身边的，孩子很容易理解，在阅读的时候会主动说："他不应该这样做！他应该改掉这些坏习惯，我也想像他一样。"看到有趣的地方还哈哈大笑，孩子和父母都轻松愉快。

孩子通过阅读，从故事中去找到好的、正确的学习方法，结合自己的情况思考更多适合自己的新方法，解决了家长朋友们的烦恼，让孩子们快乐地学习。

读完书，我觉得学习更轻松了

——四川省自贡市蜀光绿盛实验学校（南湖分校）六年级　宋雨桐　12岁

一本好书就如同一位良师益友。读一本好书，会让你受益良多。读了雪莉老师这本书，能让我爱上学习，懂得了要珍惜每一分每一秒，懂得了高效地学习需要有效地利用时间，当一个快乐的读书人，而且让我觉得学习更轻松了，谢谢雪莉老师。

我最喜欢舒尔特训练法

——山东省济南市莱芜区第二实验小学五年级　卞云畅　11岁

我最喜欢苹果班里的贾豆豆同学了，他和我一样喜欢运动，跑步快，而且我也和他有相同的处境，常被妈妈说注意力不集中，唉。妈妈说的次数多了，我把劝告当成了耳边风，但读了《不再做"木头人"》这个故事后，看到贾豆豆的努力改变，我也不能认输，要努力集中自己的注意力。故事的后面看到"雪莉老师小贴士"，我最喜欢舒尔特训练法，按顺序找到1—25的数字越来越熟练，用的时间越来越短了，我相信我的注意力会越来越集中。谢谢贾豆豆，谢谢雪莉老师。

谢谢雪莉老师让我们看见孩子的力量

——山东省济南市莱芜区第二实验小学学生家长　卞云畅妈妈

在美好的甜蜜园小学，发生着各种美好的事情，而这些事情又离我们的生活那么近。或许因为雪莉老师曾是一名一线教师，又或许雪莉老师与孩子交流深入，在甜蜜园小学中发生的事，都能给读书的你一点儿启发与触动。

书中的人物个个性格鲜明又独立，就像是我们身边的孩子们。在《拯救乒乓球》这个故事中，乐小果能把科学课上学到的热学原理应用到生活中，拯救了不小心被踩瘪的乒乓球，还跟爸爸解释如果乒乓球上有洞，热学原理则帮不了它。这一个故事，有两点触动了我：一是乐小果能把书上、课堂上学到的知识灵活运用到实际中，把知识变活，拉近书本与生活的联系，学以致用，这在一定程度上也达到了教育的目的；二是在雪莉老师的刻画上，她把孩子描写得更"高大"，世人的角度都是孩子就是孩子，遇到问题总是会寻求我们大人的帮助，大人会帮孩子解决问题，但这个故事不是这样，遇到问题承担解决责任、想到解决方法的是孩子乐小果，乐爸爸成了孩子的助手，孩子的力量得到体现，也给书本前面的孩子以鼓舞，做到了作者与孩子的交流。

除了故事与人物，每个故事后面都有"雪莉老师小贴士"，让读者在阅读时能够跳出故事本身的情景，暂时把自己割离出来，想想自己的困境，得到指导与帮助。

让孩子觉得学习是有趣的

—— 山东省济南市章丘双语学校二年级学生家长　孙泽麟妈妈

　　我是一名二年级小学生的妈妈，寒假期间，很荣幸地收到了班主任推荐的雪莉老师《学会学习——小学生 30 个高效学习法》试读节选。我心里暗暗高兴，这不正是我现在需要的吗？儿子自主学习积极性差，只要不盯着，写作业就不认真，遇到不会的题目张口就问。沟通了很多次，他还是不会先独立思考一下，自己解决问题。

　　相信现在很多家长跟我一样，没有那么多时间和精力去辅导、陪伴孩子，却希望孩子能够学会自主学习并且成绩优秀，但是如果家长不引导、不监督、不重视培养，孩子的成绩真的会如我们所愿吗？

　　雪莉老师的新书中，学习方法都是用同学之间发生的小故事讲述出来的，这一点非常吸引孩子们，整个读书的过程也是轻松愉悦的。不仅增加了孩子的阅读兴趣，同时帮助孩子掌握了正确的学习方法，让孩子觉得学习是一件很有意思的事情。孩子们提高了学习兴趣，增加了求知欲，学习动力和学习成绩肯定会有很大改变。

　　就像雪莉老师说的，帮助孩子树立积极的学习心态，养成良好的学习习惯和找到正确的学习方法真的非常重要。这样，作为家长就不用花太多时间和精力在孩子的学习上面，而是有更多的时间去陪伴孩子成长。

成为学霸，指日可待

——四川省自贡市蜀光绿盛实验学校六年级　范艺馨　12岁

　　同学，你是否觉得学习是一件不快乐的事？你是否在为如何提高学习效率而感到困惑？你是否又在为学习中遇到的困难而苦恼？不必担心，拿起这本书，跟着饶老师的脚步，学会正确的学习方法，你对学习这件事会有新的认识。

　　这本书讲的是在甜蜜园小学中，有一个苹果班。这个班的学生们对学习有着不同的看法。饶老师以我们同龄人的视角，呈现了在这个班发生的一个个的小故事。书中没有过多华丽的辞藻，也没有复杂的修辞手法，而是以风趣幽默的文笔、通俗易懂的语言，通过发生在这个班的故事教会我们，不同的情况该用什么样的学习方法。

　　我记得有一个小故事讲的是有个叫米格的女孩，她本来打算写完作文后去看电影，但是翻开作文本刚写了个题目，就开始看漫画，在妈妈的催促下，写了一会儿作文又开始吃东西，最后写着写着又睡着了。磨磨蹭蹭的，一天的时间就过去了。读完这个故事，最初我是觉得好笑的，但是随之而来的是惭愧，这不就是现实中的我吗？有时候我写作业也会磨蹭，我自己也想抓紧时间完成作业，但很容易就被别的事分散了注意力。针对这个故事里出现的学习问题，饶老师在故事的最后提出了解决方法，那就是做作业计时，预设一个时间，每天记录自己做作业的时间，如果按时完成了就给自己一个小奖励，如果没有完成就给自己一个小惩罚。我用这个方法试了试，对我自己确实有效果呢！

　　书中的每一个小故事都会映射出学习中的一些问题，而故事的最后都会根据具体问题总结一种针对性的学习方法。而我们会在不同的故事里，或多或少地找到自己的影子，从而找到针对自己的学习问题，适合自己的学习方法。

同学，学习方法很重要。没有学不会的，只有不会学的。来读一读这本书吧。你会在有趣的故事中找到解决学习困惑的方法，从而找到学习的快乐。有了正确的学习方法，提高学习成绩就不是难事了。

成为学霸，指日可待。

行之有效的学习方法，才是"硬通货"

——四川省自贡市汇东实验学校（南湖校区）二年级学生家长　刘玥希爸爸

"目青目青，眼睛亮晶晶；日青日青，天气放晴；清水清水，青加三水；心情心情，竖心伴青；言请言请，礼貌先请。"简短的几句话，深刻展现了饶雪莉老师的深厚语文教育功底。小孩子写错别字是再正常不过的事情了，不过不及时纠正过来，孩子就会养成陋习。掌握学习方法，勤于动手，善于开动脑筋，总结经验和教训，我想每个孩子都不会愿意再当"错别字大王"，而是争当"状元郎"！

唐卷卷的"阅读不丢分"儿歌"熟读三遍不偷懒，审读题目圈重点，答完题目打钩钩，答题公式记心中"，听得齐乐然一脸蒙，只觉得"不是只有数学才有公式吗"，难道语文也有"公式"？书中唐卷卷的一席话，瞬间勾起了齐乐然对语文更加浓厚的兴趣，不承想自己也能把语文学习得更好。乐小果面对唐卷卷的故意卖关子，他也产生了浓厚的学习兴趣，所以说孩子们之间的相互鼓励和交流，有时候也许是最好的动力和方式。当然，对基础知识的掌握是必备的条件，踏实的学习态度、克服困难的勇气、行之有效的学习方法，才是"硬通货"。一定记住背一背唐卷卷的"阅读不丢分"儿歌，相信每个孩子的语文成绩都会有质的提高。

饶雪莉老师的书，不仅仅是孩子的书，而是我们大家的书，是会推动孩子们和家长们去学习、思考、探索的书。读书终究也不是一件一蹴而就的事情，也不可能立竿见影，但一定要让读书成为生活的一部分。读书好似爬山，爬得越高，望得越远；读书好似耕耘，汗水流得多，收获更丰满。